民事诉讼监督规则
新旧对照与修改要点

MINSHI SUSONG JIANDU GUIZE

XINJIU DUIZHAO YU XIUGAI YAODIAN

冯小光／主编

中国检察出版社

图书在版编目（CIP）数据

民事诉讼监督规则新旧对照与修改要点 / 冯小光主编 . — 北京 : 中国检察出版社，2021.11
　　ISBN 978-7-5102-2616-8

　　Ⅰ.①民…　Ⅱ.①冯…　Ⅲ.①民事诉讼－司法监督－
规则－中国　Ⅳ.① D926.4

中国版本图书馆 CIP 数据核字（2021）第 141838 号

民事诉讼监督规则新旧对照与修改要点

冯小光　主编

责任编辑：王伟雪
技术编辑：王英英
美术编辑：曹　晓

出版发行　中国检察出版社
社　　　址：北京市石景山区香山南路 109 号（100144）
网　　　址：中国检察出版社（www.zgjccbs.com）
编辑电话：（010）86423707
发行电话：（010）86423726　86423727　86423728
　　　　　（010）86423730　86423732
经　　销：新华书店
印　　刷：保定市中画美凯印刷有限公司
开　　本：710mm×960mm　16 开
印　　张：7.25
字　　数：107 千字
版　　次：2021 年 11 月第一版　　2021 年 11 月第一次印刷
书　　号：ISBN 978-7-5102-2616-8
定　　价：39.00 元

编写说明

《人民检察院民事诉讼监督规则》经 2021 年 2 月 9 日最高人民检察院第十三届检察委员会第六十二次会议通过，自 2021 年 8 月 1 日起施行。与 2013 年《人民检察院民事诉讼监督规则（试行）》相比，《人民检察院民事诉讼监督规则》（共 10 章 135 条）减少了 1 章，增加了 11 条，对原条文进行实质性修改的有 70 余条。为便于广大检察人员以及对民事检察制度感兴趣的读者了解本次民事诉讼监督规则修订的主要内容，最高人民检察院第六检察厅组织民事诉讼监督规则修订小组成员颜良伟、窦梓菡编写本书内容，并由冯小光审改和定稿。本书以表格方式，将新民事诉讼监督规则与原条文进行一一对比，以阴影、删除线、黑体方式标注删减、新增和修改内容，使民事诉讼监督规则的新旧变化一目了然，同时对修改的条文进行要点提示与解读。

由于编者水平有限，本书中的谬误和不妥之处，恳请读者批评指正。

凡　例

凡属国家法律的，均简称"某法"。例如，《中华人民共和国民法典》简称为民法典、《中华人民共和国人民检察院组织法》简称为人民检察院组织法、《中华人民共和国检察官法》简称为检察官法。

2017 年 6 月 27 日第十二届全国人民代表大会常务委员会第二十八次会议修正的《中华人民共和国民事诉讼法》简称为民事诉讼法。

2021 年 8 月 1 日施行的《人民检察院民事诉讼监督规则》简称为本规则。

2013 年 11 月 18 日施行的《人民检察院民事诉讼监督规则（试行）》简称为原规则。

目　录

《人民检察院民事诉讼监督规则（试行）》	《人民检察院民事诉讼监督规则》
（蓝色阴影部分为修改的内容、删除线部分为被删除的内容）	（蓝色部分为修改或新增的内容）

【修改要点】本次修订删除原规则名称中的"试行"。理由是：原规则经多年实践试行，一些不适应当前工作发展的问题已经显现出来。本次修订通过增、删、改相关条款，着力解决这些突出问题，进一步完善民事诉讼监督机制，使本规则更加成熟定型，据此删除"试行"。

第一章 总 则	第一章 总 则
第一条　为了保障和规范人民检察院依法履行民事检察职责，根据《中华人民共和国民事诉讼法》、《中华人民共和国人民检察院组织法》和其他有关规定，结合人民检察院工作实际，制定本规则。	第一条　为了保障和规范人民检察院依法履行民事检察职责，根据《中华人民共和国民事诉讼法》《中华人民共和国人民检察院组织法》和其他有关规定，结合人民检察院工作实际，制定本规则。

【修改要点】本条修改参考 2018 年版《标点符号用法》规定。

第二条　人民检察院依法独立行使检察权，通过办理民事诉讼监督案件，维护司法公正和司法权威，维护国家利益和社会公共利益，维护公民、法人和其他组织的合法权益，保障国家法律的统一正确实施。	第二条　人民检察院依法独立行使检察权，通过办理民事诉讼监督案件，维护司法公正和司法权威，维护国家利益和社会公共利益，维护自然人、法人和非法人组织的合法权益，保障国家法律的统一正确实施。

《人民检察院民事诉讼监督规则（试行）》	《人民检察院民事诉讼监督规则》
【修改要点】与民法通则相比，民法典已对民事主体的表述进行了修改，本规则与最新法律的表述保持一致。修订中，有意见认为，本条有关民事主体的名称不适宜修改，因为民事诉讼法对民事主体的表述尚未修改，民事诉讼监督规则作为民事诉讼法的司法解释，应与民事诉讼法的相关表述保持一致。经研究认为，虽然民事诉讼法尚未对民事主体的表述作出修改，但本次民事诉讼监督规则修订应当具有前瞻性，与最新的法律规定表述保持一致。 需要注意的是，关于民事检察工作中权力监督与权利救济之间是何种关系？经研究认为，民事检察是检察机关为保障民事法律统一正确实施而进行的法律监督，其核心是对公权力的监督，即对法院行使审判权和执行权是否合法的监督。但从业务属性上来讲，民事检察仍是以民事法律事实判断和民事法律规定适用为基础来开展监督工作，这必然涉及当事人合法权益的保护问题。因此，民事检察的行使，一方面作为检察机关法律监督的重要组成部分，本身体现了公权力对私人诉讼的介入，并且是以公权力为中心的活动，这是民事检察的基本定位和职责所在；另一方面，检察机关在履行法律监督职能过程中切实起到了对当事人权利救济的职能作用，当事人在再审申请被法院驳回或者法院再审判决有明显错误时，就可能会向检察机关申请权利救济。因此，检察机关要树立权力监督与权利救济相结合的民事检察思维，找准民事检察监督支撑点，最大限度地促进民事审判执行公正，努力让人民群众在每一个司法案件中感受到公平正义。	
第三条 人民检察院通过抗诉、检察建议等方式，对民事诉讼活动实行法律监督。	**第三条** 人民检察院通过抗诉、检察建议等方式，对民事诉讼活动实行法律监督。

《人民检察院民事诉讼监督规则（试行）》	《人民检察院民事诉讼监督规则》
第四条　人民检察院办理民事诉讼监督案件，应当以事实为根据，以法律为准绳，坚持公开、公平、公正和诚实信用原则，尊重和保障当事人的诉讼权利，监督和支持人民法院依法行使审判权和执行权。	第四条　人民检察院办理民事诉讼监督案件，应当以事实为根据，以法律为准绳，坚持公开、公平、公正和诚实信用原则，尊重和保障当事人的诉讼权利，监督和支持人民法院依法行使审判权和执行权。
第五条　民事诉讼监督案件的受理、办理、管理工作分别由控告检察部门、民事检察部门、案件管理部门负责，各部门互相配合，互相制约。	第五条　负责控告申诉检察、民事检察、案件管理的部门分别承担民事诉讼监督案件的受理、办理、管理工作，各部门互相配合，互相制约。

【修改要点】本条的变化主要是业务部门名称上的改变，本次修订借鉴《人民检察院刑事诉讼规则》，对内设机构名称采用"职能＋部门"的表述。理由是：内设机构改革后，全国四级检察机关的内设机构并未上下完全对应，如部分基层检察院没有设置专门的刑事执行检察部门，采取"负责×××的部门"的表述更加符合实际。另外，在涉及侦查职能的时候，如果采用"侦查部门"的表述，会产生单设了一个侦查部门的误解，而规定"刑事执行检察部门"负责侦查工作，又与目前部分地方不是由刑事执行检察部门负责侦查的实际不符。民事诉讼监督规则与刑事诉讼规则均是人民检察院基本的司法解释，有必要在有关部门的表述上保持一致。

《人民检察院民事诉讼监督规则（试行）》	《人民检察院民事诉讼监督规则》
第六条　人民检察院办理民事诉讼监督案件，实行检察官办案责任制。	第六条　人民检察院办理民事诉讼监督案件，实行检察官办案责任制，由检察官、检察长、检察委员会在各自职权范围内对办案事项作出决定，并依照规定承担相应司法责任。

《人民检察院民事诉讼监督规则（试行）》	《人民检察院民事诉讼监督规则》
【修改要点】司法责任制改革后，最高人民检察院《关于完善人民检察院司法责任制的若干意见》等司改文件对检察官办案责任制作出明确规定。人民检察院组织法第29条亦对此作出相关规定。本次修订借鉴《人民检察院刑事诉讼规则》第4条第1款规定，对办理民事诉讼监督案件中实行检察官责任制作出衔接性规定。	
	第七条 人民检察院办理民事诉讼监督案件，根据案件情况，可以由一名检察官独任办理，也可以由两名以上检察官组成办案组办理。由检察官办案组办理的，检察长应当指定一名检察官担任主办检察官，组织、指挥办案组办理案件。 检察官办理案件，可以根据需要配备检察官助理、书记员、司法警察、检察技术人员等检察辅助人员。检察辅助人员依照有关规定承担相应的检察辅助事务。

【修改要点】根据司法责任制改革的要求，需要对民事诉讼监督案件的办案组织、办案人员范围与职责作出相应规定。人民检察院组织法第28条规定："人民检察院办理案件，根据案件情况可以由一名检察官独任办理，也可以由两名以上检察官组成办案组办理。由检察官办案组办理的，检察长应当指定一名检察官担任主办检察官，组织、指挥办案组办理案件。"本次修订根据人民检察院组织法第28条规定，并借鉴《人民检察院刑事诉讼规则》第5条规定，增设本条。

《人民检察院民事诉讼 监督规则（试行）》	《人民检察院民事诉讼 监督规则》
本条第2款起草中曾仅规定检察官助理、书记员这两类检察辅助人员。修订中，有意见认为，应扩大辅助办理案件人员范围，增加关于司法警察和检察技术人员的规定。理由是：根据人民检察院组织法和有关规定，检察辅助人员是协助检察官履行检察职责的工作人员，包括检察官助理、书记员、司法警察、检察技术人员等。在民事诉讼监督程序中，司法警察可参与听证、调查核实等环节，预防、制止妨碍检察活动的违法犯罪行为，维护检察工作秩序，保证检察工作的顺利进行。检察技术人员可参与勘验物证、现场等调查核实活动，或对案件中已有的证据材料进行审查或重新鉴定。因此，有必要将司法警察、检察技术人员纳入该款规定中，并在后续涉及其具体职责的章节中增加相应表述，如在合适条文中明确"人民检察院司法警察在检察长或检察官指挥下，依法协助履行调查核实、安全保障等职责"等内容。经研究认为，在检察官因履行民事诉讼监督职责需要而进行主动调查取证、技术性证据专门审查、出庭再审法庭等特定场合，确实需要司法警察、检察技术人员予以协助，因此应当将司法警察和检察技术人员纳入检察辅助人员范围，并在本规则后续条款中对司法警察、检察技术人员协助检察官履职内容作出规定。	
第七条　最高人民检察院领导地方各级人民检察院和专门人民检察院的民事诉讼监督工作，上级人民检察院领导下级人民检察院的民事诉讼监督工作。 　　上级人民检察院对下级人民检察院作出的决定，有权予以撤销或者变更，发现下级人民检察院工作中有错误的，有权指令下级人民检察院纠正。上级人民检察院的决定，下级人民检察院应当执行。下级人民检察院对上级人民检察院的决定有不同意见的，可以在执行的同时向上级人民检察院报告。	**第八条**　最高人民检察院领导地方各级人民检察院和专门人民检察院的民事诉讼监督工作，上级人民检察院领导下级人民检察院的民事诉讼监督工作。 　　上级人民检察院认为下级人民检察院的决定错误的，有权指令下级人民检察院纠正，或者依法撤销、变更。上级人民检察院的决定，应当以书面形式作出，下级人民检察院应当执行。下级人民检察院对上级人民检察院的决定有不同意见的，可以在执行的同时向上级人民检察院报告。

《人民检察院民事诉讼 监督规则（试行）》	《人民检察院民事诉讼 监督规则》
	上级人民检察院可以依法统一调用辖区的检察人员办理民事诉讼监督案件，调用的决定应当以书面形式作出。被调用的检察官可以代表办理案件的人民检察院履行相关检察职责。

【修改要点】人民检察院组织法第 24 条第 1 款明确规定了上级检察院对下级检察院行使职权范围。与原规则第 7 条对比，人民检察院组织法第 24 条第 1 款规定在内容和表述上更加精练准确。本次修订根据人民检察院组织法第 24 条第 1 款规定，对原规则第 7 条第 2 款进行了修改。

人民检察院组织法第 24 条第 1 款第 4 项规定，上级人民检察院可以统一调用辖区的检察人员办理案件。在民事检察工作中，上级检察院也有调用辖区检察人员办理案件的现实需要，比如，在办理虚假诉讼、审判人员违法行为监督案件中需要开展较多调查取证工作，为确保办案效率与质量，需要调用下级检察院检察人员参与办案；鉴于法院对部分民事案件集中管辖及一些新型法院不断组建，检察机关原有的按照行政区划设置及开展监督工作，已经不能适应需要；基层检察院民事检察人员数量少且分散，不能形成监督合力，有必要探索建立上级检察院统一调用辖区内检察人员办案机制。因此，为发挥检察一体化机制作用，确保重大疑难复杂案件的办理质量，有必要增设该款规定。

需要说明的是：

1. 最高人民检察院还就规范上级检察院统一调用辖区检察人员办理案件工作提出统一要求并印发相关法律文书格式样式。因此，本条中"履行相关检察职责"应根据最高人民检察院有关规定以及办案实际情况进行确定。

2. 上级检察院根据办理案件的需要和人民检察院组织法第 24 条第 1 款第 4 项的规定，通过作出书面调用决定的形式，可以调用辖区的检察人员临时参与某些个案的办理工作。被调用人员的办案权限只在调用期限内针对调用办理的个案有效，调用期限届满或者个案办理完毕，该次调用的办案权限即随之终止。

《人民检察院民事诉讼监督规则（试行）》	《人民检察院民事诉讼监督规则》
第八条 人民检察院检察长在同级人民法院审判委员会讨论民事抗诉案件或者其他与民事诉讼监督工作有关的议题时，可以依照有关规定列席会议。	第九条 人民检察院检察长或者检察长委托的副检察长在同级人民法院审判委员会讨论民事抗诉案件或者其他与民事诉讼监督工作有关的议题时，可以依照有关规定列席会议。
【修改要点】人民检察院组织法于 2018 年 10 月 26 日进行修订，民事诉讼监督规则本条规定应与修订后人民检察院组织法第 26 条规定保持一致。	
第九条 人民检察院办理民事诉讼监督案件，实行回避制度。	第十条 人民检察院办理民事诉讼监督案件，实行回避制度。
第十条 检察人员办理民事诉讼监督案件，应当依法秉公办案，自觉接受监督。 检察人员不得接受当事人及其诉讼代理人请客送礼，不得违反规定会见当事人及其诉讼代理人。 检察人员有收受贿赂、徇私枉法等行为的，应当追究法律责任。	第十一条 检察人员办理民事诉讼监督案件，应当秉持客观公正的立场，自觉接受监督。 检察人员不得接受当事人及其诉讼代理人、特定关系人、中介组织请客送礼或者其他利益，不得违反规定会见当事人及其委托的人。 检察人员有收受贿赂、徇私枉法等行为的，应当追究纪律责任和法律责任。 检察人员对过问或者干预、插手民事诉讼监督案件办理等重大事项的行为，应当按照有关规定全面、如实、及时记录、报告。

《人民检察院民事诉讼 监督规则（试行）》	《人民检察院民事诉讼 监督规则》

【修改要点】检察官法第 5 条第 1 款规定，检察官履行职责，应当以事实为根据，以法律为准绳，秉持客观公正的立场。秉持客观公正的立场，不仅是对刑事检察官的履职要求，同样也是对民事检察官的履职要求。比如，民事检察官在办理民事诉讼监督案件时，应当充分听取双方当事人意见，对于存有疑问的证据应当进行核实，出席再审法庭时全面准确阐释检察机关抗诉意见等，确保提出检察监督意见的理据客观、公允、充分，经得起法庭的检验。本次修订，依照检察官法第 5 条第 1 款规定，对本条第 1 款表述进行了修改。

为贯彻落实从严治检的要求，本次修订还参考《最高人民法院、最高人民检察院、公安部、国家安全部、司法部关于进一步规范司法人员与当事人、律师、特殊关系人、中介组织接触交往行为的若干规定》等，对本条第 2 款的相关表述进行了修改，对检察机关的对外接触交往行为提出更全面、更严格要求。

修订中，有意见认为，检察人员有收受贿赂、徇私枉法等行为的，除追究法律责任外，还要被追究纪律责任。我们认为，法律责任与纪律责任是两个不同的范畴，两者之间有同时适用的情形，也有独立适用的情形，有必要对两者作出并列的规定。因此，本次修订在本条第 3 款中增加了"纪律责任"。

2019 年 8 月 23 日，最高人民检察院发布了《关于建立过问或干预、插手检察办案等重大事项记录报告制度的实施办法》，该办法要求检察人员应当记录过问或干预、插手检察办案等重大事项的行为。本次修订吸收上述规定并作了衔接性规定。实践中，对于何种事项属于应当记录范围，应当根据有关规定进行把握。

《人民检察院民事诉讼监督规则〔试行〕》	《人民检察院民事诉讼监督规则》

第二章 管 辖

【修改要点】本次修订删除"管辖"一章的主要考虑是：修订中，有意见认为，原规则中"管辖"与"受理"两章之间的逻辑关系不清，实践操作不明，需要进一步研究有关管辖规定的必要性。经研究认为，原规则中"管辖"一章是参考民事诉讼法有关法院管辖规定而制定的。由于民事诉讼监督对象是法院的审判活动和执行活动，而检察院与法院是逐级对应关系，因此民事诉讼监督案件不存在地域管辖问题，只有级别管辖问题。可见，原规则"管辖"一章所要解决的是各级检察院之间在办理民事诉讼监督案件时的分工和权限问题。但这一章规定存在以下问题：第一，原规则在"管辖"一章中规定，对已生效民事裁判、调解书，最高人民检察院、作出生效法律文书的人民法院所在地同级人民检察院和上级人民检察院均有管辖权，但却在"受理"一章中规定"同级受理"原则，这容易被误解为前后规定有矛盾。第二，实践中，各级检察机关是根据"同级受理"原则对民事诉讼监督案件入口进行把关，不需要考虑管辖规定，导致原规则第11条至第13条有关级别管辖的规定未发挥实际规范作用。第三，根据原规则有关规定，负责控告申诉检察的部门对属于检察机关主管案件范围但不属于本院受理案件范围的监督申请，都会告知申请人向有案件受理权的检察院申请监督，因此，原规则第14条有关移送管辖的规定没有适用的空间。第四，原规则第15条有关指令管辖的规定存在因监督检察院与被监督法院不在同一行政区划内而导致难以进行同级监督问题，实践中极少运用，且指定管辖所针对的问题可以通过上级检察院提级办理制度予以解决，因此指定管辖并无规定的必要。第五，提级办理制度与负责民事检察的部门的审查工作关系更为密切，原规则第16条有关提级办理的规定更适合设置在"审查"一章中。第六，修订中，有意见认为，专门检察院对民事诉讼监督案件的办理并非仅涉及管辖问题，因此有必要对原规则第17条有关专门检察院民事诉讼监督案件管辖的规定进行修改，并设置在"附则"一章中。基于上述分析和考虑，本次修订删除了"管辖"一章，并将提级办理、专门检察院案件办理等条款设置在其他章节中。这样修改有利于民事诉讼监督规则"受理—审查—监督"主体架构的清晰展示，有效指引当事人依法行使申请监督权利。

《人民检察院民事诉讼监督规则（试行）》	《人民检察院民事诉讼监督规则》
第十一条 对已经发生法律效力的民事判决、裁定、调解书的监督案件，最高人民检察院、作出该生效法律文书的人民法院所在地同级人民检察院和上级人民检察院均有管辖权。	
第十二条 对民事审判程序中审判人员违法行为的监督案件，由审理案件的人民法院所在地同级人民检察院管辖。	
第十三条 对民事执行活动的监督案件，由执行法院所在地同级人民检察院管辖。	
第十四条 人民检察院发现受理的民事诉讼监督案件不属于本院管辖的，应当移送有管辖权的人民检察院，受移送的人民检察院应当受理。受移送的人民检察院认为不属于本院管辖的，应当报请上级人民检察院指定管辖，不得再自行移送。	
第十五条 有管辖权的人民检察院由于特殊原因，不能行使管辖权的，由上级人民检察院指定管辖。 人民检察院之间因管辖权发生争议，由争议双方协商解决，协商不能解决的，报请其共同上级人民检察院指定管辖。	

《人民检察院民事诉讼 监督规则（试行）》	《人民检察院民事诉讼 监督规则》
第三章　回　避	第二章　回　避
第十八条　检察人员有《中华人民共和国民事诉讼法》第四十四条规定情形之一的，应当自行回避，当事人有权申请他们回避。 　　前款规定，适用于书记员、翻译人员、鉴定人、勘验人等。	**第十二条**　检察人员有《中华人民共和国民事诉讼法》第四十四条规定情形之一的，应当自行回避，当事人有权申请他们回避。 　　前款规定，适用于书记员、翻译人员、鉴定人、勘验人等。
第十九条　检察人员自行回避的，可以口头或者书面方式提出，并说明理由。口头提出申请的，应当记录在卷。	**第十三条**　检察人员自行回避的，可以口头或者书面方式提出，并说明理由。口头提出申请的，应当记录在卷。
第二十条　当事人申请回避，应当在人民检察院作出提出抗诉或者检察建议等决定前以口头或者书面方式提出，并说明理由。口头提出申请的，应当记录在卷。根据《中华人民共和国民事诉讼法》第四十四条第二款规定提出回避申请的，应当提供相关证据。 　　被申请回避的人员在人民检察院作出是否回避的决定前，应当暂停参与本案工作，但案件需要采取紧急措施的除外。	**第十四条**　当事人申请回避，应当在人民检察院作出提出抗诉或者检察建议等决定前以口头或者书面方式提出，并说明理由。口头提出申请的，应当记录在卷。根据《中华人民共和国民事诉讼法》第四十四条第二款规定提出回避申请的，应当提供相关证据。 　　被申请回避的人员在人民检察院作出是否回避的决定前，应当暂停参与本案工作，但案件需要采取紧急措施的除外。

《人民检察院民事诉讼监督规则（试行）》	《人民检察院民事诉讼监督规则》
	第十五条 检察人员有应当回避的情形，没有自行回避，当事人也没有申请其回避的，由检察长或者检察委员会决定其回避。

【修改要点】修订中，有意见认为，应当在"回避"一章增加依职权指令检察人员回避的规定。经研究认为，民事诉讼法没有依职权指令回避的规定，最高人民法院《关于适用〈中华人民共和国民事诉讼法〉的解释》第46条规定了依职权指令回避情形。为保证检察人员客观公正审查民事诉讼监督案件，防控廉政风险，有必要借鉴上述最高人民法院司法解释规定，建立检察长或者检委会依职权指令检察人员回避制度。因此，本次修订增设本条。

第二十一条 检察长的回避，由检察委员会讨论决定；检察人员和其他人员的回避，由检察长决定。检察委员会讨论检察长回避问题时，由副检察长主持，检察长不得参加。	**第十六条** 检察长的回避，由检察委员会讨论决定；检察人员和其他人员的回避，由检察长决定。检察委员会讨论检察长回避问题时，由副检察长主持，检察长不得参加。
第二十二条 人民检察院对当事人提出的回避申请，应当在三日内作出决定，并通知申请人。申请人对决定不服的，可以在接到决定时向原决定机关申请复议一次。人民检察院应当在三日内作出复议决定，并通知复议申请人。复议期间，被申请回避的人员不停止参与本案工作。	**第十七条** 人民检察院对当事人提出的回避申请，应当在三日内作出决定，并通知申请人。申请人对决定不服的，可以在接到决定时向原决定机关申请复议一次。人民检察院应当在三日内作出复议决定，并通知复议申请人。复议期间，被申请回避的人员不停止参与本案工作。

《人民检察院民事诉讼 监督规则（试行）》	《人民检察院民事诉讼 监督规则》
第四章　受　理	第三章　受　理
第二十三条　民事诉讼监督案件的来源包括： 　　（一）当事人向人民检察院申请监督； 　　（二）当事人以外的公民、法人和其他组织向人民检察院控告、举报； 　　（三）人民检察院依职权发现。	第十八条　民事诉讼监督案件的来源包括： 　　（一）当事人向人民检察院申请监督； 　　（二）当事人以外的自然人、法人和非法人组织向人民检察院控告； 　　（三）人民检察院在履行职责中发现。

【修改要点】修订中，有意见认为，"民事诉讼监督案件的来源"并非法律术语，且本条规定在实务中无实际意义，民事案件最终能否进入检察监督环节，与所谓的"案件来源"无关。民事案件必须符合后续条文中有关当事人申请监督或者检察机关依职权启动监督程序的法定条件方可被检察机关受理。也就是说，没有本条规定，也不影响检察机关对民事诉讼监督案件的受理，因此，建议删除本条。经研究认为，案件来源的合法性是监督权行使的基础。设置本条规定，有利于规范检察机关受理民事诉讼监督案件的途径。本条所列举的三种途径已经涵盖检察机关受理民事诉讼监督案件的所有情况，不仅外延周密，而且将主要的三种情况进行归纳列举，方便实践中对照适用，更符合我国立法中一贯采用的列举式释明方法。因此，本次修订保留本条规定，仅对部分表述进行修改。

修订中，有意见认为，反映审判人员违纪违法的属控告事项，反映职务犯罪线索的属于举报事项，两者均不属于民事诉讼监督的范围，建议删除本条第2项。经研究认为，对于控告事项与举报事项进行区分，有利于负责控告申诉检察的部门合理归类和及时分流相关案件线索，提高工作效率。上述意见将

《人民检察院民事诉讼监督规则（试行）》	《人民检察院民事诉讼监督规则》

反映审判人员违纪违法纳入控告事项，将反映职务犯罪线索纳入举报事项，符合工作实际。但根据民事诉讼法第208条第3项规定，检察机关有权对民事审判程序中的审判人员违法行为实行法律监督，因此反映审判人员违法的控告，可以作为民事诉讼监督案件的来源。本次修订删除了本条第2项中的"举报"。

本次修订将本条第3项中的"依职权发现"改为"在履行职责中发现"。理由是："在履行职责中发现"表述更符合法言法语的要求，《人民检察院检察建议工作规定》也采用类似表述。

需要注意的是：

1. 民事诉讼法第227条规定："执行过程中，案外人对执行标的提出书面异议的，人民法院应当自收到书面异议之日起十五日内审查，理由成立的，裁定中止对该标的的执行；理由不成立的，裁定驳回。案外人、当事人对裁定不服，认为原判决、裁定错误的，依照审判监督程序办理；与原判决、裁定无关的，可以自裁定送达之日起十五日内向人民法院提起诉讼。"案外人依照民事诉讼法第227条规定向法院申请再审时，其身份已经转化为案件当事人，可以依照民事诉讼法第209条第1款规定申请监督。

2. 无论是案外人控告，还是人民检察院在履行职责中发现的案件线索，以及人大代表与其他有关机关交办、转交的案件线索，均应符合本规则规定的依职权启动监督程序的法定条件，才能转化为民事诉讼监督案件进行受理与办理。

《人民检察院民事诉讼监督规则（试行）》	《人民检察院民事诉讼监督规则》
第二十四条 有下列情形之一的，当事人可以向人民检察院申请监督： （一）已经发生法律效力的民事判决、裁定、调解书符合《中华人民共和国民事诉讼法》第二百零九条第一款规定的；	**第十九条** 有下列情形之一的，当事人可以向人民检察院申请监督： （一）已经发生法律效力的民事判决、裁定、调解书符合《中华人民共和国民事诉讼法》第二百零九条第一款规定的；

《人民检察院民事诉讼监督规则（试行）》	《人民检察院民事诉讼监督规则》
（二）认为民事审判程序中审判人员存在违法行为的； （三）认为民事执行活动存在违法情形的。	（二）认为民事审判程序中审判人员存在违法行为的； （三）认为民事执行活动存在违法情形的。
	第二十条　当事人依照本规则第十九条第一项规定向人民检察院申请监督，应当在人民法院作出驳回再审申请裁定或者再审判决、裁定发生法律效力之日起两年内提出。 本条规定的期间为不变期间，不适用中止、中断、延长的规定。 人民检察院依职权启动监督程序的案件，不受本条第一款规定期限的限制。

【修改要点】民事诉讼法第209条赋予了民事案件当事人依法向检察机关申请监督的权利，但未规定申请监督的期限。近年来，司法实践中出现了许多在民事裁判生效多年以后才向检察机关申请监督的案件，这些案件多数是陈年旧案、时间久远，由于时过境迁所导致的证据灭失等因素的影响，当事人往往难以提供充足证据证明原审裁判存在错误，检察机关也无法查清案件的关键事实，而且容易形成涉法信访案件。长期以来，各地检察机关普遍反映，这给检察监督工作带来很大的困扰，并呼吁对当事人申请监督期限予以一定规范。经慎重研究后认为，民事诉讼法规定了当事人向法院申请再审的期限，而申请监督与申请再审是两种性质相同的权利。从法理上看，当事人行使申请监督权利也应当有一定期限的限制，以便督促当事人及时行使民事权利，维护法律关系

《人民检察院民事诉讼 监督规则（试行）》	《人民检察院民事诉讼 监督规则》

和社会关系的稳定，同时也能够使当事人对法律救济期限有明确认识，心理上能早日摆脱纷争，以一个良好的心态投入新的生产生活。经征求立法机关意见后，本次修订新增当事人不服生效裁判的两年申请监督期限的规定。

修订中，对规定多长的申请监督期限有不同意见：第一种意见认为，应规定6个月的申请监督期限。经研究认为，6个月申请监督期限过短，特别是实践中法院送达日期与作出驳回再审申请裁定日期往往存在时间差，有的时间跨度甚至超过了6个月，一定程度上造成了当事人在申请监督上的困难。因此，本规则未采用6个月期限。第二种意见认为，应参考民法典有关3年民事诉讼时效，规定3年的申请监督期限。经研究认为，参照民事诉讼时效缺乏说服力。第三种意见认为，应参照民事诉讼法规定的两年申请强制执行期限，规定两年的申请监督期限。本规则采纳了该意见，理由是两年期限较为合理，因为超过两年，当事人已无法向法院申请强制执行，此时再向检察机关申请监督，同样构成怠于行使民事权利，不应予以受理。

本条第2款规定，申请监督期间为不变期间，不适用中止、中断、延长的规定。修订中，有意见认为，申请监督权利是广义上的申诉权，在性质上属于请求权，且实践中也不排除当事人在特殊情况下难以行使申请监督权，如疫情期间当事人被隔离的情形。经研究认为，最高人民法院《关于适用〈中华人民共和国民事诉讼法〉审判监督程序若干问题的解释》第2条规定，申请再审期间不适用中止、中断和延长的规定。显然，最高人民法院司法解释将申请再审期间性质认定为除斥期间。虽然最高人民法院《关于适用〈中华人民共和国民事诉讼法〉的解释》未对申请再审期间的性质作出规定，但该司法解释也未规定申请再审期间可以中止、中断或者延长，因此，最高人民法院《关于适用〈中华人民共和国民事诉讼法〉审判监督程序若干问题的解释》第2条规定仍应继续适用。当事人申请再审权与申请监督权属于同一性质的诉讼权利，两者

《人民检察院民事诉讼 监督规则（试行）》	《人民检察院民事诉讼 监督规则》

在性质认定上理应保持一致。因此，本次修订明确申请监督期限为除斥期间，不适用中止、中断和延长的规定，较为合理。另外，本规则规定的申请监督期限是两年，而不是6个月，即使遇到疫情等特殊情况，也不影响当事人申请监督权的行使，因为在两年内，当事人或者其委托的诉讼代理人是能够按期行使申请监督权的。

本条第3款还对申请监督期限作了例外规定，即检察机关依职权启动监督程序的案件不受申请监督期限的限制。这一规定的主要考虑是：一些符合民事诉讼监督规则规定的应当依职权启动监督程序的案件，即使当事人未申请监督，检察机关作为法律监督机关也应当介入和监督，以彰显司法公正和司法权威。既然是检察机关基于法定事由主动介入民事案件，理应不受申请监督期限的限制。

需要注意的是：

1.本条仅适用于当事人依照本规则第19条第1项规定向人民检察院申请监督的情形。对于法院逾期未对当事人再审申请作出裁定的情形，由于法院的违法行为处于持续状态，此时不宜对当事人监督申请作出期限限制。对于审判人员违法行为监督，体现了"对人"监督属性，也不宜对当事人监督申请作出期限限制。执行活动监督对象既包括执行乱作为，也包括消极执行、拖延执行，法院的违法行为亦处于持续状态，此种情形也不宜对当事人监督申请作出期限限制。

2.根据新法优于旧法原则，本规则施行后，最高人民法院、最高人民检察院、公安部、司法部《关于依法处理涉法涉诉信访工作衔接配合的规定》第6条"当事人根据民事诉讼法第二百零九条第一款规定，向人民检察院申请检察建议或者抗诉的……人民检察院不得以超过申请监督期限为由不予受理"的规定将不再适用。

《人民检察院民事诉讼 监督规则（试行）》	《人民检察院民事诉讼 监督规则》
第二十五条　当事人向人民检察院申请监督，应当提交监督申请书、身份证明、相关法律文书及证据材料。提交证据材料的，应当附证据清单。 　　申请监督材料不齐备的，人民检察院应当要求申请人限期补齐，并明确告知应补齐的全部材料。申请人逾期未补齐的，视为撤回监督申请。	**第二十一条**　当事人向人民检察院申请监督，应当提交监督申请书、身份证明、相关法律文书及证据材料。提交证据材料的，应当附证据清单。 　　申请监督材料不齐备的，人民检察院应当要求申请人限期补齐，并**一次性**明确告知应补齐的全部材料。申请人逾期未补齐的，视为撤回监督申请。

　　【修改要点】本次修订增加了"一次性告知"内容，体现了坚持司法为民和依法保障当事人行使监督申请权利的思路。

第二十六条　本规则**第二十五条**规定的监督申请书应当记明下列事项： 　　（一）申请人的姓名、性别、年龄、民族、职业、工作单位、住所、有效联系方式，法人或者**其他组织**的名称、住所和法定代表人或者主要负责人的姓名、职务、有效联系方式； 　　（二）其他当事人的姓名、性别、工作单位、住所、有效联系方式等信息，法人或者**其他组织**的名称、住所、负责人、有效联系方式等信息；	**第二十二条**　本规则**第二十一条**规定的监督申请书应当记明下列事项： 　　（一）申请人的姓名、性别、年龄、民族、职业、工作单位、住所、有效联系方式，法人或者**非法人组织**的名称、住所和法定代表人或者主要负责人的姓名、职务、有效联系方式； 　　（二）其他当事人的姓名、性别、工作单位、住所、有效联系方式等信息，法人或者**非法人组织**的名称、住所、负责人、有效联系方式等信息；

《人民检察院民事诉讼 监督规则（试行）》	《人民检察院民事诉讼 监督规则》
（三）申请监督请求和所依据的事实与理由。 申请人应当按照其他当事人的人数提交监督申请书副本。	（三）申请监督请求； **（四）申请监督的具体法定情形及事实、理由。** 申请人应当按照其他当事人的人数提交监督申请书副本。

【修改要点】实践中，有的当事人在监督申请书中所写的申请监督请求指向不明，不利于检察机关对案件进行有效审查和精准监督。为引导当事人在申请监督时提出明确监督请求，本次修订借鉴最高人民法院《关于适用〈中华人民共和国民事诉讼法〉的解释》第 378 条第 1 款第 4 项规定，在本条第 1 款中增加第 4 项监督申请书应当明确"申请监督的具体法定情形及事实、理由"的规定，即当事人申请裁判结果监督的，应当明确指明原审裁判属于民事诉讼法第 200 条的哪一项或哪几项法定再审事由；当事人申请审判人员违法行为监督或者执行活动违法情形监督的，应当指明存在本规则第 100 条、第 101 条、第 106 条规定的哪一种或哪几种违法行为（情形），以便于检察机关准确审查。

需要注意的是，检察机关负责控告申诉检察的部门应当依照本规则规定，引导当事人明确申请监督的具体法定情形。当然，负责控告申诉检察的部门仅进行形式审查，并不对当事人提出的申请监督理由是否成立进行实质判断。

| 第二十七条　本规则第二十五条规定的身份证明包括：

（一）自然人的居民身份证、军官证、士兵证、护照等能够证明本人身份的有效证件；

（二）法人或者其他组织的营业执照副本、组织机构代码证书和法定代表人或者主要负责人的身份证明等有效证照。 | 第二十三条　本规则第二十一条规定的身份证明包括：

（一）自然人的居民身份证、军官证、士兵证、护照等能够证明本人身份的有效证件；

（二）法人或者非法人组织的统一社会信用代码证书或者营业执照副本、组织机构代码证书和法定代表人或者主要负责人的身份证明等有效证照。 |

《人民检察院民事诉讼 监督规则（试行）》	《人民检察院民事诉讼 监督规则》
对当事人提交的身份证明，人民检察院经核对无误留存复印件。	对当事人提交的身份证明，人民检察院经核对无误留存复印件。

【修改要点】2015 年，国家开始实行"三证合一"制度，以统一社会信用代码证书取代营业执照、组织机构代码证、税务登记证。2015 年 6 月 11 日，国务院《关于批转发展改革委等部门〈法人和其他组织统一社会信用代码制度建设总体方案〉的通知》第三部分第 4 项规定："本方案实施后，各有关部门应尽快完成现有机构代码向统一代码过渡。短期内难以完成的部门可设立过渡期，在 2017 年底前完成。有特殊困难的个别领域，最迟不得晚于 2020 年底。在过渡期内，统一代码与现有各类机构代码并存，各登记管理部门尽快建立统一代码与旧注册登记码的映射关系，保证信息在全国统一信用信息共享交换平台等实现互联共享，同时对本方案实施前已设立的法人和其他组织换发统一代码，逐步完成存量代码和登记证（照）转换。未转换的旧登记证（照）在过渡期内可继续使用。过渡期结束后，组织机构代码证和登记管理部门的旧登记证（照）停止使用，全部改为使用登记管理部门发放、以统一代码为编码的新登记证（照）。"据此，本次修订在本条第 1 款第 2 项增加"统一社会信用代码证书"。

需要说明的是，本条第 1 款第 2 项仍保留"营业执照副本、组织机构代码证书"内容，主要是考虑"三证合一"制度有一个过渡期，在过渡期内尚未换取新证的当事人仍可以使用营业执照、组织机构代码证。

第二十八条 本规则第二十五条规定的相关法律文书是指人民法院在该案件诉讼过程中作出的全部判决书、裁定书、决定书、调解书等法律文书。	第二十四条 本规则第二十一条规定的相关法律文书是指人民法院在该案件诉讼过程中作出的全部判决书、裁定书、决定书、调解书等法律文书。
第二十九条 当事人申请监督，可以依照《中华人民共和国民事诉讼法》的规定委托代理人。	第二十五条 当事人申请监督，可以依照《中华人民共和国民事诉讼法》的规定委托诉讼代理人。

《人民检察院民事诉讼 监督规则（试行）》	《人民检察院民事诉讼 监督规则》
【修改要点】本条对文字表述的修改，参考了民事诉讼法第五章第二节标题。	
第三十条　当事人申请监督符合下列条件的，人民检察院应当受理： （一）符合本规则第二十四条的规定； （二）申请人提供的材料符合本规则第二十五条至第二十八条的规定； （三）本院具有管辖权； （四）不具有本规则规定的不予受理情形。	第二十六条　当事人申请监督符合下列条件的，人民检察院应当受理： （一）符合本规则第十九条的规定； （二）申请人提供的材料符合本规则第二十一条至第二十四条的规定； （三）属于本院受理案件范围； （四）不具有本规则规定的不予受理情形。
【修改要点】本次修改已删除原规则中"管辖"一章，因此本条有关"管辖"的表述需要进行修改，如将原规则本条第3项中"本院具有管辖权"改为"属于本院受理案件范围"。	
第三十一条　当事人根据《中华人民共和国民事诉讼法》第二百零九条第一款的规定向人民检察院申请监督，有下列情形之一的，人民检察院不予受理： （一）当事人未向人民法院申请再审或者申请再审超过法律规定的期限的；	第二十七条　当事人根据《中华人民共和国民事诉讼法》第二百零九条第一款的规定向人民检察院申请监督，有下列情形之一的，人民检察院不予受理： （一）当事人未向人民法院申请再审的； （二）当事人申请再审超过法律规定的期限的，但不可归责于其自身原因的除外；

《人民检察院民事诉讼 监督规则（试行）》	《人民检察院民事诉讼 监督规则》
（二）人民法院正在对民事再审申请进行审查的，~~但超过三个月未对再审申请作出裁定的除外~~； （三）人民法院已经裁定再审且尚未审结的； （四）判决、调解解除婚姻关系的，但对财产分割部分不服的除外； （五）人民检察院已经审查终结作出决定的； （六）民事判决、裁定、调解书是人民法院根据人民检察院的抗诉或者再审检察建议再审后作出的； （七）其他不应受理的情形。	（三）人民法院在法定期限内正在对民事再审申请进行审查的； （四）人民法院已经裁定再审且尚未审结的； （五）判决、调解解除婚姻关系的，但对财产分割部分不服的除外； （六）人民检察院已经审查终结作出决定的； （七）民事判决、裁定、调解书是人民法院根据人民检察院的抗诉或者再审检察建议再审后作出的； （八）申请监督超过本规则第二十条规定的期限的； （九）其他不应受理的情形。

【修改要点】根据民事诉讼法第209条规定，当事人向人民检察院申请监督之前应当先向人民法院申请再审。因此，超过申请再审期限后再向人民检察院申请监督的案件，人民检察院原则上也不应当受理，否则将会违背民事诉讼法第209条规定的立法目的。但是，如果对因不可归责于当事人自身原因导致其超过法律规定期限申请再审的案件，人民检察院不予受理，则不利于均衡保护当事人合法权益，如因法院违法公告送达、缺席判决等导致当事人超过法定再审申请期限的情形。因此，本次修订在本条第2项中增加了"不可归责于其自身原因的除外"的但书内容。

依照民事诉讼法第209条第1款第2项的规定，人民法院逾期未对再审申请作出裁定的，可以向人民检察院申请检察建议或者抗诉。原规则按照民事诉讼法第204条第1款规定的"人民法院应当自收到再审申请书之日起三个月内审查，符合本法规定的，裁定再审；不符合本法规定的，裁定驳回申请"，确定人民法院无正当理由，超过 3 个月未对再审申请作出裁定作为逾期的期间。但是，民事诉讼法第 204 条第 1 款还规定："……有特殊情况需要延长的，由本院院长批准。"据此，人民法院如果依法延长了审查期限，就不能以超过 3 个月作为认定"逾期未对再审申请作出裁定"的依据。因此，本次修订中将本条第 3 项改为"人民法院在法定期限内正在对民事再审申请进行审查的"，使表述更为准确。

本次修订新增当事人申请监督期限条款，当事人超过申请监督期限的，人民检察院不应受理，因此有必要在本条新增一项（第 8 项）"申请监督超过本规则第二十条规定的期限的"。

需要注意的是，在适用本条第 6 项规定时要注意稳妥处理以下两个问题：

1. 检察机关基于一方当事人申请作出不支持结论，另一方当事人能否再次申请，或者说民事诉讼法和本规则规定的"当事人"是指同一方还是包括案件各方当事人？司法实践中，检察机关一般掌握为"对案不对人"，即针对同一案件只受理一次，而并非各方当事人都可以申请监督一次。但这一掌握的前提应是检察机关对案件进行了全面审查，听取了其他当事人的意见。否则，仅仅受理一方当事人的监督申请，就剥夺了其他当事人的程序权利，有违程序正义。民事案件情况复杂，有的判决各方当事人都不服，都希望启动再审程序，不能理解为检察机关不支持了一方当事人的监督申请，就一定有利于对方当事人。由于种种原因，目前检察机关在审查案件过程中有时很难采集到对方当事人意见，如果不是由于对方当事人自身原因，不应剥夺其申请监督权。

2. 检察机关作出不支持监督申请决定后，如果法院启动了再审程序并作出改判，当事人能否申请检察监督？对于在新的再审程序中败诉的一方当事人，其在之前检察机关的审查程序中是胜诉方，检察程序不是基于其申请启动的，不存在"再次申请"问题。最重要的是，相对于原生效判决，再审判决是一个新判决，检察机关对于这一新判决并未履行审查和监督职能，也未作出决定，当事人各方针对新判决均应有权向检察机关申请监督，不宜归类为"检察机关已经审查终结作出决定"的情况。

《人民检察院民事诉讼监督规则（试行）》	《人民检察院民事诉讼监督规则》
~~第二十二条 对大民法院作出的一审民事判决、裁定，当事人依法可以上诉但未提出上诉，而依照《中华人民共和国民事诉讼法》第二百零九条第一款第一项、第三项的规定向大民检察院申请监督的，大民检察院不予受理，但有下列情形之一的除外：~~ ~~（一）据以作出原判决、裁定的法律文书被撤销或者变更的；~~ ~~（二）审判人员有贪污受贿、徇私舞弊、枉法裁判等严重违法行为的；~~ ~~（三）大民法院送达法律文书违反法律规定，影响当事人行使上诉权的；~~ ~~（四）当事人因自然灾害等不可抗力无法行使上诉权的；~~ ~~（五）当事人因人身自由被剥夺、限制，或者因严重疾病等客观原因不能行使上诉权的；~~ ~~（六）有证据证明他人以暴力、胁迫、欺诈等方式阻止当事人行使上诉权的；~~ ~~（七）因其他不可归责于当事人的原因没有提出上诉的。~~	

【修改要点】本次修订删除了当事人一审未上诉且无正当理由的情况下检察机关对其监督申请不予受理的规定。原规则施行后，对于本条规定的合理性存在一定的争议，即有意见认为本条规定缺少民事诉讼法的依据，不当限制了

《人民检察院民事诉讼监督规则（试行）》	《人民检察院民事诉讼监督规则》
当事人所享有的申请监督权利。经研究认为，原规则本条规定确有不当之处，理由：一是民事诉讼法第209条规定并未将一审生效民事裁判排除在申请监督范围之外，原规则本条的内容则为民事诉讼法第209条的适用增加了额外的条件，不符合立法本意。二是根据民事诉讼法第208条规定，民事检察是对民事诉讼活动的合法性进行监督，民事裁判是否合法以及是否存在监督事由，是一个客观事实，不会因当事人是否上诉而改变。检察机关应当依法履行检察职责，也不因当事人有无上诉而受影响。三是实践中当事人未上诉的情况比较复杂，简单地认为未上诉就是放弃上诉权或者说未上诉就是认可一审裁判，在逻辑上并不严密。2018年9月15日，最高人民检察院制发《关于停止执行〈人民检察院民事诉讼监督规则（试行）〉第三十二条的通知》。根据该通知要求，当事人针对人民法院作出的已经发生法律效力的一审民事判决、裁定提出监督申请，无论是否提出过上诉，只要符合民事诉讼法第209条规定，检察机关均应依法受理。本次修订依据《关于停止执行〈人民检察院民事诉讼监督规则（试行）〉第三十二条的通知》规定，删除了原规则本条规定。	
第三十三条 当事人认为民事审判程序中审判人员存在违法行为或者民事执行活动存在违法情形，向人民检察院申请监督，有下列情形之一的，人民检察院不予受理： （一）法律规定可以提出异议、申请复议或者提起诉讼，当事人没有提出异议、申请复议或者提起诉讼的，但有正当理由的除外； （二）当事人提出异议或者申请复议后，人民法院已经受理并正在审查处理的，但超过法定期间未作出处理的除外；	第二十八条 当事人认为民事审判程序或者执行活动存在违法情形，向人民检察院申请监督，有下列情形之一的，人民检察院不予受理： （一）法律规定可以提出异议、申请复议或者提起诉讼，当事人没有提出异议、申请复议或者提起诉讼的，但有正当理由的除外； （二）当事人提出异议、申请复议或者提起诉讼后，人民法院已经受理并正在审查处理的，但超过法定期限未作出处理的除外；

《人民检察院民事诉讼监督规则（试行）》	《人民检察院民事诉讼监督规则》
（三）其他不应受理的情形。	（三）其他不应受理的情形。 **当事人对审判、执行人员违法行为申请监督的，不受前款规定的限制。**

【修改要点】本次修订除对第1款文字表述进行修改外，主要是新增第2款例外规定，即当事人对审判、执行人员违法行为申请监督的，不受其是否已穷尽法院救济前置程序的限制，检察机关可以受理该监督申请。理由是：审判、执行人员有贪污受贿，徇私舞弊，枉法裁判等违法行为，是对国家司法制度和社会道德的侵害，此类案件具有监督的当然性，不应以当事人穷尽法院救济前置程序为限制。

《人民检察院民事诉讼监督规则（试行）》	《人民检察院民事诉讼监督规则》
第三十四条第一款 当事人根据《中华人民共和国民事诉讼法》第二百零九条第一款的规定向人民检察院申请检察建议或者抗诉，由作出生效民事判决、裁定、调解书的人民法院所在地同级人民检察院控告检察部门受理。 **第三十五条** 人民法院裁定驳回再审申请或者逾期未对再审申请作出裁定，当事人向人民检察院申请监督的，由作出原生效民事判决、裁定、调解书的人民法院所在地同级人民检察院控告检察部门受理。	**第二十九条** 当事人根据《中华人民共和国民事诉讼法》第二百零九条第一款的规定向人民检察院申请检察建议或者抗诉，由作出生效民事判决、裁定、调解书的人民法院所在地同级人民检察院**负责控告申诉检察的部门**受理。 人民法院裁定驳回再审申请或者逾期未对再审申请作出裁定，当事人向人民检察院申请监督的，由作出原生效民事判决、裁定、调解书的人民法院所在地同级人民检察院受理。
第三十四条第二款 当事人认为民事审判程序中审判人员存在违法行为或者民事执行活动存在违法情形，向人民检察院申请监督的，由审理、执行案件的人民法院所在地同级人民检察院控告检察部门受理。	**第三十条** 当事人认为民事审判程序中审判人员存在违法行为或者民事执行活动存在违法情形，向人民检察院申请监督的，由审理、执行案件的人民法院所在地同级人民检察院**负责控告申诉检察的部门**受理。

《人民检察院民事诉讼监督规则（试行）》	《人民检察院民事诉讼监督规则》
	当事人不服上级人民法院作出的复议裁定、决定等，提出监督申请的，由上级人民法院所在地同级人民检察院受理。人民检察院受理后，可以根据需要依照本规则有关规定将案件交由原审理、执行案件的人民法院所在地同级人民检察院办理。

【修改要点】民事诉讼法第116条第3款规定："罚款、拘留应当用决定书。对决定不服的，可以向上一级人民法院申请复议一次。复议期间不停止执行。"该法第149条规定："人民法院适用普通程序审理的案件，应当在立案之日起六个月内审结。有特殊情况需要延长的……报请上级人民法院批准。"该法第225条规定："当事人、利害关系人认为执行行为违反法律规定的，可以向负责执行的人民法院提出书面异议……当事人、利害关系人对裁定不服的，可以自裁定送达之日起十日内向上一级人民法院申请复议。"最高人民法院《关于适用〈中华人民共和国民事诉讼法〉的解释》第185条规定："被罚款、拘留的人不服罚款、拘留决定申请复议的，应当自收到决定书之日起三日内提出。上级人民法院应当在收到复议申请后五日内作出决定，并将复议结果通知下级人民法院和当事人。"可见，无论是在审判程序中，还是在执行程序中均存在当事人向上一级人民法院申请复议的情形。实践中突出存在的问题是，对于存在上级法院复议裁定等情形的申请监督案件应当由哪一层级检察机关受理？修订中，存在以下两种不同的意见：

第一种意见认为，应由原审理、执行法院的同级检察院受理。理由：一是审理或者执行案件虽经上级法院复议，但上级法院仅是复议程序并未提级审理或者执行，因此审理或者执行法院仍是下级法院，仍应遵循"同级受理"原则。二是下级法院的审理或者执行活动涉及的环节、事项多，而上级法院的复议裁定仅是诸多事项中的一项或者几项，如果放弃下级检察院的同级监督，而改为上级检察院对复议裁定的监督，可能会造成监督上的"盲区"，不利于检察机关充分履行监督职责。三是实践中，当事人不服执行异议裁定而向上级法院申请复议的情况不少，如果规定所有经过复议的案件都由上级检察院受理，那么就会造成大量执行监督案件都由省市院受理，基层院受理执行监督案件数量就会大量减少。目前基层院的生效裁判结果监督案件本来就少，如果执行监督案件数量再减少，那么基层院民事检察业务就会进一步萎缩，民事检察工作"倒三角"局面会加剧。四是民事诉讼监督规则可以通过规定"下级检察院发现上级法院执行复议裁定等存在违法情形的，可以提请上级检察院监督"这一方式，解决下级检察院无法监督上级法院复议裁定的问题。

第二种意见认为，应由作出复议裁定、决定等法院的同级检察院受理。理由：一是从法理上看，上级法院作出的复议裁定、决定具有法律效力，对于具有法律效力的法律行为的监督，应为与此对应的同级监督。二是从行为性质上看，同级检察院受理上级法院的复议裁定、决定，并非单纯受理行为，还蕴含了对上级法院裁定、决定的审查行为，对于发现错误的，提请上级检察院进行监督，整个过程不单纯涉及程序性问题，还涉及对上级法院特定行为的事实判断和价值评判问题。三是从裁定、决定的结果看，上级法院的复议裁定、决定并非一律支持下级法院的裁定、决定，对于复议裁定撤销下级法院裁定的，由下级法院的同级检察院受理，明显不妥。四是如果考虑到实际需要，可以通过其他方式变通开展，不宜在本规则中确立同级受理规则。

本次修订采纳第二种意见，同时将该款规定与案件交办机制衔接一致。理由：一是民事检察监督实行的是"同级受理"原则，由下级检察院受理上级法院复议裁定，既存在法理上的障碍，实践中也无法实行。因此，规定由作出复议裁定、决定的人民法院的同级人民检察院受理，更加合理。二是考虑民事检察工作"倒三角"现实情况，以及下级检察院与原执行法院沟通协商、调阅案卷等便利性，有必要规定上级检察院可以根据需要向下级检察院交办案件。三是为提高交办案件的审查效率，在规定"在接受上级检察院交办案件后，认为法院执行复议裁定等存在违法情形应予监督的，应当提请上级检察院监督"的同时，明确"下级检察院认为法院执行复议裁定正确的，可依法作出不支持监督申请决定"。

《人民检察院民事诉讼 监督规则（试行）》	《人民检察院民事诉讼 监督规则》
需要说明的是，本条虽然规定在"受理"这一章，但这并不意味着负责控告申诉检察的部门具有交办案件的权限，因为本条第2款规定的是"依照有关规定"交办案件，这里的"有关规定"是指"审查"一章中的第42条，而审查属于负责民事检察的部门的职责，所以具有本规则本条第2款规定的交办案件权限的部门是负责民事检察的部门，并不是负责控告申诉检察的部门。	
	第三十一条 当事人认为人民检察院不依法受理其监督申请的，可以向上一级人民检察院申请监督。上一级人民检察院认为当事人监督申请符合受理条件的，应当指令下一级人民检察院受理，必要时也可以直接受理。

【修改要点】2016年《人民检察院行政诉讼监督规则（试行）》在坚持"同级受理"的基础上，特别规定了"同级人民检察院控告检察部门不依法受理的，当事人可以向上一级人民检察院申请监督"。实践中也确实存在少数同级检察院不依法受理的个案情形，需要上级检察院来保障当事人申请监督权利。本次修订借鉴上述《人民检察院行政诉讼监督规则（试行）》规定，并明确上一级检察院的处理方式，使该条款更具有可操作性。

修订中，有意见认为，不应增设本条。理由是：上级检察院对下级检察院有监督职责，但监督机制的构成和运行应当坚持科学、高效、节约的原则，明确规定当事人对人民检察院不依法受理监督申请，可以向上一级人民检察院申请监督，会形成监督上的监督、救济上的救济，形成法定程序之外创设新程序，不符合民事诉讼规律和检察监督适度性特点，既不适当地否定了下级检察院独立的职权行为，又容易引起矛盾上行。经研究认为，全国人大常委会法工委在2016年最高人民检察院制定《人民检察院行政诉讼监督规则（试行）》时提出意见，建议规定对同级人民检察院控告检察部门不依法受理的，当事人可以向上一级人民检察院控告检察部门申请监督。立法机关的上述意见目的在于充分保障当事人的申请监督权利。同理，民事诉讼监督规则也有必要作出类似规定。

《人民检察院民事诉讼监督规则（试行）》	《人民检察院民事诉讼监督规则》

需要注意的是，基于"同级受理"原则，上一级检察院认为当事人监督申请符合受理条件的，应当首先指令下一级检察院受理，只有存在不宜由下一级检察院办理此案的情形下，才有必要由上一级检察院直接受理。

《人民检察院民事诉讼监督规则（试行）》	《人民检察院民事诉讼监督规则》
第三十六条 人民检察院控告检察部门对监督申请，应当根据以下情形作出处理： （一）符合受理条件的，应当依照本规则规定作出受理决定； （二）属于人民检察院受理案件范围但不属于本院管辖的，应当告知申请人向有管辖权的人民检察院申请监督； （三）不属于人民检察院受理案件范围的，应当告知申请人向有关机关反映； （四）不符合受理条件，且申请人不撤回监督申请的，可以决定不予受理。 应当由下级人民检察院受理的，上级人民检察院应当在七日内将监督申请书及相关材料移交下级人民检察院。	第三十二条 人民检察院负责控告申诉检察的部门对监督申请，应当根据以下情形作出处理： （一）符合受理条件的，应当依照本规则规定作出受理决定； （二）不属于本院受理案件范围的，应当告知申请人向有关人民检察院申请监督； （三）不属于人民检察院主管范围的，应当告知申请人向有关机关反映； （四）不符合受理条件，且申请人不撤回监督申请的，可以决定不予受理。

【修改要点】鉴于本次修订已删除原规则中"管辖"一章，有必要对本条第1款第2项、第3项的表述作出调整。

考虑本条第1款第2项已规定"不属于本院受理案件范围的，应当告知申请人向有关人民检察院申请监督"，对不属于本院管辖的，告知申请人向有管辖权的检察院申请监督即可，无须再规定上级检察院移交相关材料，因此删除本条第2款。

《人民检察院民事诉讼监督规则（试行）》	《人民检察院民事诉讼监督规则》
第三十七条 控告检察部门应当在决定受理之日起三日内制作《受理通知书》，发送申请人，并告知其权利义务。 需要通知其他当事人的，应当将《受理通知书》和监督申请书副本发送其他当事人，并告知其权利义务。其他当事人可以在收到监督申请书副本之日起十五日内提出书面意见，不提出意见的不影响人民检察院对案件的审查。	第三十三条 负责控告申诉检察的部门应当在决定受理之日起三日内制作《受理通知书》，发送申请人，并告知其权利义务；同时将《受理通知书》和监督申请书副本发送其他当事人，并告知其权利义务。其他当事人可以在收到监督申请书副本之日起十五日内提出书面意见，不提出意见的不影响人民检察院对案件的审查。

【修改要点】原规则第37条规定，负责控告申诉检察的部门决定受理时应向申请人发送《受理通知书》，但对于是否通知其他当事人，则根据办案需要来确定。最高人民检察院民事行政检察厅与控告检察厅《办理民事行政检察案件第二次座谈会议纪要》第3条规定进一步明确，需要通知其他当事人的，由负责民事检察的部门进行通知。也就是说，如果负责民事检察的部门经审查拟作出不支持监督申请决定时就没有必要通知其他当事人已受理该案，避免徒增其他当事人诉累；如果负责民事检察的部门拟提出监督意见的，再通知对方当事人已受理该案并告知对方可以提交反驳意见书。

但原规则第37条规定是否符合法理存疑。民事诉讼法第8条规定，民事诉讼当事人享有平等的诉讼权利。在民事诉讼监督案件中，其他当事人与申请人相同，应当享有知悉涉及自身利益的案件信息的权利以及答辩的权利，不应当由检察机关有选择性地决定是否通知其他当事人。因此，为充分保障当事人的诉讼权利，有必要规定在决定受理时应当同时向双方当事人发送《受理通知书》并告知其权利义务。同时向其他当事人发送《受理通知书》和监督申请书副本应当在负责控告申诉检察的部门的受理环节完成，因为如果在受理决定作出好几个月后才由负责民事检察的部门发送给其他当事人，其他当事人有可能

《人民检察院民事诉讼 监督规则（试行）》	《人民检察院民事诉讼 监督规则》
因《受理通知书》的落款时间和检察机关送达时间相差较长而怀疑检察机关对案件处理的公正性。另外，最高人民法院《关于适用〈中华人民共和国民事诉讼法〉的解释》第385条规定："人民法院应当自收到符合条件的再审申请书等材料之日起五日内向再审申请人发送受理通知书，并向被申请人及原审其他当事人发送应诉通知书、再审申请书副本等材料。"可见，法院在决定受理当事人申请再审时是同时向双方当事人发送《受理通知书》的。因此，本次修订借鉴上述最高人民法院司法解释规定，明确负责控告申诉检察的部门在向申请人发送《受理通知书》的同时，也应当向其他当事人发送《受理通知书》和监督申请书副本并告知其权利义务。	
第三十八条 控告检察部门应当在决定受理之日起三日内将案件材料移送本院民事检察部门，同时将《受理通知书》抄送本院案件管理部门。	第三十四条 负责控告申诉检察的部门应当在决定受理之日起三日内将案件材料移送本院负责民事检察的部门，同时将《受理通知书》抄送本院负责案件管理的部门。负责控告申诉检察的部门收到其他当事人提交的书面意见等材料，应当及时移送负责民事检察的部门。
【修改要点】本次修订新增规定，负责控告申诉检察的部门决定受理案件时应当同时向申请人和其他当事人发送《受理通知书》并告知其权利义务。因此，当其他当事人提交书面意见时，负责控告申诉检察的部门应当及时移送负责民事检察的部门，便于负责民事检察的部门充分听取双方当事人意见和审查案件。	

《人民检察院民事诉讼监督规则（试行）》	《人民检察院民事诉讼监督规则》
第三十九条 当事人以外的公民、法人和其他组织认为人民法院民事审判程序中审判人员存在违法行为或者民事执行活动存在违法情形的，可以向同级人民检察院控告、举报。控告、举报由人民检察院控告检察部门受理。 控告检察部门对收到的控告、举报，应当依据《人民检察院信访工作规定》、《人民检察院举报工作规定》等办理。	第三十五条 当事人以外的自然人、法人和非法人组织认为人民法院民事审判程序中审判人员存在违法行为或者民事执行活动存在违法情形等，可以向同级人民检察院控告。控告由人民检察院负责控告申诉检察的部门受理。 负责控告申诉检察的部门对收到的控告，应当依据《人民检察院信访工作规定》等办理。

【修改要点】原规则第 39 条在案外人控告事项的规定上范围过窄，实践中不限于审判人员违法行为和执行活动违法两种情形，如案外人发现民事案件涉嫌虚假诉讼的，也可以向检察机关控告，因此，本次修订在本条第 1 款中增加"等"规定。

第四十条 控告检察部门可以依据《人民检察院信访工作规定》，向下级人民检察院交办涉及民事诉讼监督的信访案件。	第三十六条 负责控告申诉检察的部门可以依据《人民检察院信访工作规定》，向下级人民检察院交办涉及民事诉讼监督的信访案件。
第四十一条 具有下列情形之一的民事案件，人民检察院应当依职权进行监督： （一）损害国家利益或者社会公共利益的；	第三十七条 人民检察院在履行职责中发现民事案件有下列情形之一的，应当依职权启动监督程序： （一）损害国家利益或者社会公共利益的；

《人民检察院民事诉讼监督规则（试行）》	《人民检察院民事诉讼监督规则》
（二）审判、执行人员有贪污受贿、徇私舞弊、枉法裁判等行为的； （三）依照有关规定需要人民检察院跟进监督的。	（二）审判、执行人员有贪污受贿，徇私舞弊，枉法裁判等违法行为的； （三）当事人存在虚假诉讼等妨害司法秩序行为的； （四）人民法院作出的已经发生法律效力的民事公益诉讼判决、裁定、调解书确有错误，审判程序中审判人员存在违法行为，或者执行活动存在违法情形的； （五）依照有关规定需要人民检察院跟进监督的； （六）具有重大社会影响等确有必要进行监督的情形。 人民检察院对民事案件依职权启动监督程序，不受当事人是否申请再审的限制。

【修改要点】关于检察机关依职权启动监督程序的案件范围，原规则制定中考虑人民检察院系国家专门法律监督机关，担负保障国家法律统一正确实施的职责，因此，对于存在当事人之间恶意串通损害国家或者社会公共利益，或者审判人员、执行人员存在贪污受贿、徇私舞弊、枉法裁判等违法犯罪行为以及需要跟进监督情形的案件，检察机关应当主动进行监督。原规则据此对人民检察院依职权启动监督程序的案件类型通过类型列举的方式予以明确，即只有损害国家利益或者社会公共利益，审判、执行人员有贪污受贿，徇私舞弊，枉法裁判等违法行为以及依照有关规定需要人民检察院跟进监督的三类案件。

《人民检察院民事诉讼 监督规则（试行）》	《人民检察院民事诉讼 监督规则》

经多年实践，发现原规则对依职权启动监督程序案件范围规定缺乏兜底条款，与民事诉讼法第208条规定的"人民检察院发现"表述所体现的立法精神不相符，从立法技术上看也不周延。因为对民事诉讼实行法律监督是检察机关的法定职责，检察机关既不能越权监督，但也不能放弃或者怠于行使法律监督权。党的十八届四中全会审议通过的《中共中央关于全面推进依法治国若干重大问题的决定》明确要求，强化检察机关诉讼监督。2020年中央政法工作会议提出了有关强化检察机关法律监督职能和拓展监督广度、深度的要求。另外，原规则规定的依职权启动监督程序案件范围过窄导致实践中出现了检察机关应主动进行监督却缺乏监督依据的问题。《人民检察院行政诉讼监督规则（试行）》第9条对检察机关主动监督情形设置了兜底条款。本次修订借鉴《人民检察院行政诉讼监督规则（试行）》第9条规定，并结合民事检察工作实际，适度扩大了依职权启动监督程序案件范围。

修订中，有意见认为，增设本条第1款第3项"当事人存在虚假诉讼等妨害司法秩序行为"需要斟酌，建议对虚假诉讼案件进行限定。理由是：是否将所有虚假诉讼都纳入依职权监督的范畴，值得商榷，根据民事诉讼法第208条规定，人民检察院只能对损害国家利益或社会公共利益的调解书进行监督，涉嫌虚假诉讼的民事案件是否均损害"两益"，需要进一步论证。对于未损害"两益"的虚假诉讼，由因虚假诉讼受到侵害的利害关系人申请监督，似乎更为妥当。建议本款对虚假诉讼的范围进行限定，如限定为"可能损害国家利益或者社会公共利益的"。经研究认为，以上意见并不合理，理由：一是与一般的民事纠纷案件不同，虚假诉讼案件往往损害案外人的合法权益，但案外人并非案件当事人，难以通过申请再审及申请监督方式维护自身合法权益。二是虚假诉讼案件不但损害他人合法权益，而且妨害司法秩序，浪费司法资源，损害司法权威和司法公信力。肩负法律监督职责的检察机关对虚假诉讼行为不能坐等当事人来申请监督，而应当主动履行监督职责，监督法院撤销因虚假诉讼产生的法律文书并依法制裁虚假诉讼行为人，维护司法公正和司法权威。三是虚假诉讼损害的利益已不仅仅是当事人的私益，还妨碍司法秩序，损害司法权威。司法权属于中央事权，妨碍司法秩序和损害司法权威，必然影响国家对中央事权的正常支配及社会公众对法治的信仰，情况严重的，甚至还会动摇国家执政根基，因此，司法秩序和司法权威属于国家利益和社会公共利益范畴，虚假诉讼对司法秩序和司法权威的损害也就是对国家利益和社会公共利益的损害。四是一些地方省级政法机关已对虚假诉讼案件损害"两益"达成一致共识并通过会签文件的方式予以固定。如广西壮族自治区人民检察院、高级人民法院、公安厅、司法厅联合印发《关于防范和查处虚假诉讼的若干意见》，山东省人民检察院、高级人民法院、公安厅、司法厅联合印发《关于防范和惩治虚假诉讼的若干意见》等会签文件明确规定：虚假诉讼行为妨害司法秩序，浪费司法资源，损害司法权威和司法公信力，应当认定为损害国家利益、社会公共利益。因此，明确检察机关对涉嫌虚假诉讼的案件依职权启动监督程序，既符合法理，也有利于充分发挥检察职能作用、加大对虚假诉讼行为的惩治力度，确有必要在民事诉讼监督规则中予以明确规定。此外，将虚假诉讼案件区分为损害"两益"和不损害"两益"两类，在立法技术上也不具有可行性。

修订中，有意见认为，增设本条第 1 款第 6 项"具有重大社会影响等确有必要进行监督的情形"需要斟酌。理由是：依职权监督应限定在明确的范围之内，第 6 项"其他确有必要进行监督的"范围不明确，不利于依职权行使监督权。考虑到对特定案件进行检察监督的现实必要性，建议将此兜底条款范围予以限定为"具有重大社会影响的"，确保在不影响检察监督工作的同时，保证地方检察权依法行使监督权。经研究认为，以上意见并不合理，主要理由是：民事诉讼法第 208 条规定使用"人民检察院发现"的表述说明立法上没有对检察机关依职权启动监督程序案件范围作出限制。因此，考虑到对特定案件进行检察监督的现实必要性，满足检察机关充分履行法律监督职责的实践需求，仍有必要增设兜底条款。

《人民检察院民事诉讼监督规则（试行）》	《人民检察院民事诉讼监督规则》

本次修订参考《最高人民检察院第十五批指导性案例》中"某实业公司诉某市住房和城乡建设局征收补偿认定纠纷抗诉案"主旨即"人民检察院依职权对行政裁判结果进行监督，不以当事人申请法院再审为前提"，增设本条第2款"人民检察院对民事案件依职权启动监督程序，不受当事人是否申请再审的限制"。理由是：按照案件来源划分，对裁判结果进行监督分为当事人申请监督和依职权监督两类。法律规定当事人在申请检察建议或抗诉之前应当向法院提出再审申请，目的是防止当事人就同一案件重复申请、司法机关多头审查。人民检察院是国家的法律监督机关，是公共利益的代表，担负着维护司法公正、保证法律统一正确实施、维护国家利益和社会公共利益的重要任务，对于符合依职权启动监督程序的案件，应当从监督人民法院依法审判的目的出发，充分发挥检察监督职能作用，依职权主动进行监督，不受当事人是否申请再审的限制。

需要注意的是，虽然修改后民事诉讼监督规则规定了依职权启动监督程序案件的兜底条款，但各地要立足检察机关职责定位，将充分履行监督职能与遵循民事诉讼规律有机结合起来，准确把握"确有必要"这一兜底条款适用标准，确保公权力介入私权之争的正当性与合理性。

《人民检察院民事诉讼监督规则（试行）》	《人民检察院民事诉讼监督规则》
第四十二条 下级人民检察院提请抗诉、提请其他监督等案件，由上一级人民检察院案件管理部门受理。 依职权发现的民事诉讼监督案件，民事检察部门应当到案件管理部门登记受理。	**第三十八条** 下级人民检察院提请抗诉、提请其他监督等案件，由上一级人民检察院负责案件管理的部门受理。 依职权启动监督程序的民事诉讼监督案件，负责民事检察的部门应当到负责案件管理的部门登记受理。

《人民检察院民事诉讼监督规则（试行）》	《人民检察院民事诉讼监督规则》
第四十三条 案件管理部门接收案件材料后，应当在三日内登记并将案件材料和案件登记表移送民事检察部门；案件材料不符合规定的，应当要求补齐。 案件管理部门登记受理后，需要通知当事人的，民事检察部门应当制作《受理通知书》，并在三日内发送当事人。	第三十九条 负责案件管理的部门接收案件材料后，应当在三日内登记并将案件材料和案件登记表移送负责民事检察的部门；案件材料不符合规定的，应当要求补齐。 负责案件管理的部门登记受理后，需要通知当事人的，负责民事检察的部门应当制作《受理通知书》，并在三日内发送当事人。
第五章 审 查	第四章 审 查
第一节 一般规定	第一节 一般规定
第四十四条 民事检察部门负责对受理后的民事诉讼监督案件进行审查。	第四十条 受理后的民事诉讼监督案件由负责民事检察的部门进行审查。
第十六条 上级人民检察院认为确有必要的，可以办理下级人民检察院管辖的民事诉讼监督案件。 下级人民检察院对有管辖权的民事诉讼监督案件，认为需要由上级人民检察院办理的，可以报请上级人民检察院办理。	第四十一条 上级人民检察院认为确有必要的，可以办理下级人民检察院受理的民事诉讼监督案件。 下级人民检察院对受理的民事诉讼监督案件，认为需要由上级人民检察院办理的，可以报请上级人民检察院办理。

【修改要点】由于本次修订删除了"管辖"一章，因此将原规则提级办理的相关规定调整至"审查"一章。

需要注意的是：

《人民检察院民事诉讼 监督规则（试行）》	《人民检察院民事诉讼 监督规则》
1. 实践中，对于同级检察院由于特殊原因不能或者不宜办理的已受理的民事诉讼监督案件，上级检察院将案件提级办理的，可以是上一级，也可以是上几级。例如，最高人民检察院认为确有必要的，可以办理基层人民检察院受理的案件。 2. 下级检察院报请上级检察院办理已受理的民事诉讼监督案件时，应当经由上级检察院同意。同时为确保报请案件质量和报请必要性，下级检察院报请案件原则上应逐级报请。	
第四十五条　上级人民检察院可以将受理的民事诉讼监督案件交由~~有管辖权的~~下级人民检察院办理。交办的案件应当制作《交办通知书》，并将有关材料移送下级人民检察院。下级人民检察院应当依法办理，不得将案件再行交办，~~作出决定前应当报上级人民检察院审核同意。~~ 交办案件需要通知当事人的，应当制作《通知书》，并发送当事人。	第四十二条　上级人民检察院可以将受理的民事诉讼监督案件交由下级人民检察院办理，**并限定办理期限**。交办的案件应当制作《交办通知书》，并将有关材料移送下级人民检察院。下级人民检察院应当依法办理，不得将案件再行交办。**除本规则第一百零七条规定外，下级人民检察院应当在规定期限内提出处理意见并报送上级人民检察院，上级人民检察院应当在法定期限内作出决定。** 交办案件需要通知当事人的，应当制作《通知书》，并发送当事人。
【修改要点】本次修订取消了原规则有关交办案件必须要求下级检察院有管辖权的限制，同时将"报请上级检察院审核"改为"报上级检察院决定"，一般由上级检察院出具相关法律文书，主要的考虑是：实践中存在上级检察院异地交办案件以及因便于化解矛盾、解决纠纷，需要下级检察院配合协助进行调查核实而将案件交由无管辖权的下级检察院办理等特殊情形，因此本次修订进一步完善案件交办机制，使其体现检察一体化工作机制特点，满足办理重大疑难复杂案件的需求。	

《人民检察院民事诉讼监督规则（试行）》	《人民检察院民事诉讼监督规则》
需要注意的是，上级检察院需要交办的案件主要是重大疑难复杂案件，各地要把握好这一要求，在适用该款规定上不能过于宽泛。	
~~第四十六条　上级人民检察院可以将案件转有管辖权的下级人民检察院办理。转办案件应当制作《转办通知书》，并将有关材料移送下级人民检察院。~~ ~~转办案件需要通知当事人的，应当制作《通知书》，并发送当事人。~~	
【修改要点】本次修订删除原规则第46条，理由是：上级检察院适用转办和交办的条件基本相同，两项制度设计有重合之处，且本规则确定"同级受理"后，基本没有转办案件的需要。	
第四十七条　人民检察院审查民事诉讼监督案件，应当围绕申请人的申请监督请求以及发现的其他情形，对人民法院民事诉讼活动是否合法进行审查。其他当事人也申请监督的，应当将其列为申请人，对其申请监督请求一并审查。	第四十三条　人民检察院审查民事诉讼监督案件，应当围绕申请人的申请监督请求、争议焦点以及本规则第三十七条规定的情形，对人民法院民事诉讼活动是否合法进行全面审查。其他当事人在人民检察院作出决定前也申请监督的，应当将其列为申请人，对其申请监督请求一并审查。
【修改要点】民事检察监督在本质上是对审判权这一公权力的监督，因此检察机关在审查当事人申请监督请求的基础上，还应当对法院在民事诉讼活动中的其他违法情形进行审查并依法进行监督。为落实2020年中央政法工作会议有关强化检察机关法律监督职能、拓展监督的广度和深度的要求，本次修订确立了全面审查原则。	

《人民检察院民事诉讼监督规则（试行）》	《人民检察院民事诉讼监督规则》
需要注意的是： 1. 一方当事人申请监督受理后，其他当事人也申请监督的，即使其未曾申请过再审，检察院也可以对其申请监督请求一并审查。 2. 其他当事人也申请监督的，应当在检察机关审查终结并作出决定前提出，在检察机关作出决定后，其他当事人不能申请监督。	
第四十八条 申请人或者其他当事人对提出的主张，应当提供证据材料。人民检察院收到当事人提交的证据材料，应当出具收据。	**第四十四条** 申请人或者其他当事人对提出的主张，应当提供证据材料。人民检察院收到当事人提交的证据材料，应当出具收据。
第四十九条 人民检察院应当告知当事人有申请回避的权利，并告知办理案件的检察人员、书记员等的姓名、法律职务。	**第四十五条** 人民检察院应当告知当事人有申请回避的权利，并告知办理案件的检察人员、书记员等的姓名、法律职务。
第五十条 人民检察院审查案件，应当听取当事人意见，必要时可以听证或者调查核实有关情况。	**第四十六条** 人民检察院审查案件，应当通过适当方式听取当事人意见，必要时可以听证或者调查核实有关情况，也可以依照有关规定组织专家咨询论证。

【**修改要点**】原规则本条规定对检察机关听取当事人意见方式规定不明，导致有的当事人误认为"听取当事人意见"就是指当面听取或者电话联系听取当事人意见，进而对检察机关审查案件的程序正当性提出异议。经研究认为，原规则本条有关"应当听取当事人意见"规定的本意并不是要求每个案件都要当面听取或者电话联系听取当事人意见。实际上，检察机关听取当事人意见的方式并不限于当面听取，还包括远程视频、电话、传真、电子邮件、由当事人提交书面意见等其他方式。适用哪种方式，应由检察官根据案情决定。因此，

《人民检察院民事诉讼 监督规则（试行）》	《人民检察院民事诉讼 监督规则》

为避免理解上的歧义，本次修订借鉴最高人民法院《关于人民法院在审判执行活动中主动接受案件当事人监督的若干规定》第3条有关表述，在本条中加入"通过适当方式"表述。

张军检察长在十三届全国人大常委会第六次会议上作关于人民检察院加强对民事诉讼和执行活动法律监督工作情况的报告中提出，要树立智慧借助理念，邀请民事法律专家对民事申请监督案件进行深入论证。2018年《最高人民检察院民事行政诉讼监督案件专家咨询论证工作办法》就专家咨询论证制度作出具体规定。为提高民事检察监督的专业化水平，进一步树立智慧借助理念，充分调动社会各方资源，通过专家咨询论证，使得典型案件的审查更加公开和精准，助推提高案件的监督质量，本次修订吸收了这一新制度，增加专家咨询论证的规定。同时，考虑专家咨询论证涉及的问题较多，《最高人民检察院民事行政诉讼监督案件专家咨询论证工作办法》共16条，对提请专家咨询论证的案件范围、咨询论证方式、咨询结果运用等问题作出详细规定，为避免民事诉讼监督规则体例上的失衡，本次修订不宜大量吸收该办法中的条文，仅作出衔接性规定，即"可以依照有关规定组织专家咨询论证"。

第五十一条　人民检察院审查案件，可以依照有关规定调阅人民法院的诉讼卷宗。 　　通过拷贝电子卷、查阅、复制、摘录等方式能够满足办案需要的，可以不调阅诉讼卷宗。	第四十七条　人民检察院审查案件，可以依照有关规定调阅人民法院的诉讼卷宗。 　　通过拷贝电子卷、查阅、复制、摘录等方式能够满足办案需要的，可以不调阅诉讼卷宗。 　　**人民检察院认为确有必要，可以依照有关规定调阅人民法院的诉讼卷宗副卷，并采取严格保密措施。**

《人民检察院民事诉讼监督规则（试行）》	《人民检察院民事诉讼监督规则》

【修改要点】2019 年 7 月 19 日政法领域全面深化改革推进会和 2020 年 1 月 17 日中央政法工作会议均明确要求探索正卷、副卷一并调阅制度。2020 年 8 月 26 日，中央政法委政法领域全面深化改革推进视频会要求加快落实正卷、副卷一并调阅制度，提升民事监督精准性。民事审判执行的一些关键信息均留存在副卷中，加强对民事诉讼的精准监督，应当正卷、副卷同时调阅。因此，在征求最高人民法院意见后，本次修订在本条中增加第 3 款规定。

需要注意的是，根据本款"有关规定"的表述，检察机关调阅副卷的前提是依照有关规定，即依照检法两院会签有关调阅副卷的文件规定，没有会签文件的，是不能调阅副卷的。目前，仅有部分地方检法两院会签了有关调阅副卷的文件。因此，仍需要进一步推动正卷、副卷一并调阅制度落地落实。

第五十二条 承办人审查终结后，应当制作审查终结报告。审查终结报告应当全面、客观、公正地叙述案件事实，依据法律提出处理建议。 承办人通过审查监督申请书等材料即可以认定案件事实的，可以直接制作审查终结报告，提出处理建议。	第四十八条 承办检察官审查终结后，应当制作审查终结报告。审查终结报告应当全面、客观、公正地叙述案件事实，依据法律提出处理建议或者意见。 承办检察官通过审查监督申请书等材料即可以认定案件事实的，可以直接制作审查终结报告，提出处理建议或者意见。

【修改要点】司法责任制改革后，相关文件已不再使用"承办人"这一旧提法，而是使用"承办检察官"。主要考虑到原来使用"承办人"是包括检察员和助理检察员的，也就是说，原来助理检察员也是可以独立承办案件的。但司法责任制改革和员额检察官改革后，就不存在助理检察员的称谓了，而是检察官助理，但检察官助理只能协助检察官办理案件，因此，本次修订将"承办人"改为"承办检察官"，使其在表述上更加准确。

《人民检察院民事诉讼监督规则（试行）》	《人民检察院民事诉讼监督规则》
	另外，司法责任制改革后，承办检察官可以在权力清单范围内对部分案件的处理作出决定，因此，本次修订在本条中增加"或者意见"的表述。
第五十三条　案件应当经集体讨论，参加集体讨论的人员应当对案件事实、适用法律、处理建议等发表明确意见并说明理由。集体讨论意见应当在全面、客观地归纳讨论意见的基础上形成。 集体讨论形成的处理意见，由民事检察部门负责人提出审核意见后报检察长批准。 检察长认为必要的，可以提请检察委员会讨论决定。	第四十九条　承办检察官办理案件过程中，可以提请部门负责人召集检察官联席会议讨论。检察长、部门负责人在审核或者决定案件时，也可以召集检察官联席会议讨论。 检察官联席会议讨论情况和意见应当如实记录，由参加会议的检察官签名后附卷保存。部门负责人或者承办检察官不同意检察官联席会议多数人意见的，部门负责人应当报请检察长决定。 检察长认为必要的，可以提请检察委员会讨论决定。检察长、检察委员会对案件作出的决定，承办检察官应当执行。

【修改要点】司法责任制改革后，案件集体讨论形式及要求发生了重大变化。本次修订依据《最高人民检察院机关司法责任制改革实施意见（试行）》第9条规定作出相应修改，增加检察官联席会议有关内容。

需要注意的是，检察官联席会议一般应是3人以上，如果负责民事检察的部门的员额检察官不足3人，需要部门负责人报请院领导协调补足人数。

第五十四条　人民检察院对审查终结的案件，应当区分情况作出下列决定：	第五十条　人民检察院对审查终结的案件，应当区分情况作出下列决定：

《人民检察院民事诉讼监督规则（试行）》	《人民检察院民事诉讼监督规则》
（一）提出再审检察建议； （二）提请抗诉； （三）提出抗诉； （四）提出检察建议； （五）终结审查； （六）不支持监督申请。 控告检察部门受理的案件，民事检察部门应当将案件办理结果书面告知控告检察部门。	（一）提出再审检察建议； （二）提请抗诉或者提请其他监督； （三）提出抗诉； （四）提出检察建议； （五）终结审查； （六）不支持监督申请； （七）复查维持。 负责控告申诉检察的部门受理的案件，负责民事检察的部门应当将案件办理结果告知负责控告申诉检察的部门。

【修改要点】最高人民法院、最高人民检察院《关于对民事审判活动与行政诉讼实行法律监督的若干意见（试行）》第10条第2款，最高人民法院、最高人民检察院《关于民事执行活动法律监督若干问题的规定》第14条规定了法院逾期未回复检察建议或者对检察建议处理错误的，可以提请上级检察院监督。本次修订还增加一条规定：下级检察院审查上级检察院交办案件时发现上级法院执行复议裁定等违法的，应当提请上级检察院监督。因此，根据办案实践需求，增加了"提请其他监督"结案方式。根据上述有关规定，适用"提请其他监督"方式的主要有以下三种情形：一是法院逾期未回复检察建议；二是法院对检察建议处理错误；三是下级检察院发现上级法院复议裁定等违法。

最高人民检察院民事行政检察厅与控告检察厅《办理民事行政检察案件第二次座谈会议纪要》第7条规定复查制度后，检察机关已办理了一大批复查案件。复查案件有两种结案方式：复查维持或者撤销原不支持监督申请决定、提出抗诉。本规则第126条也对复查制度作出明确规定。因此，本次修订增加"复查维持"结案方式。

《人民检察院民事诉讼 监督规则（试行）》	《人民检察院民事诉讼 监督规则》
本次修订删除本条第 2 款中的"书面"。理由是：统一业务应用系统已经设置了分享办案结果功能，负责民事检察的部门可以通过统一应用系统将案件办理结果反馈负责控告申诉检察的部门，无须书面告知。	
第五十五条 人民检察院在办理民事诉讼监督案件过程中，当事人有和解意愿的，可以建议当事人自行和解。	第五十一条 人民检察院在办理民事诉讼监督案件过程中，当事人有和解意愿的，可以引导当事人自行和解。
【修改要点】监督不是目的，定分止争，解决问题是关键。在当前化解社会矛盾纠纷、促进社会和谐稳定的工作形势下，检察机关应当通过更加积极主动的作为，采取一些行之有效的措施，帮助当事人解决矛盾问题，引导当事人达成和解。原规则本条中使用"建议"表述，与检察机关积极主动参与化解社会矛盾的工作要求不太相符。因此本次修订将"建议"改为"引导"，体现检察机关在民事诉讼法框架内做好民事案件当事人和解工作的责任与担当。 需要注意的是，最高人民法院、最高人民检察院《关于民事执行活动法律监督若干问题的规定》第 15 条对检察机关办案中当事人达成和解协议与法院执行程序衔接问题作出了规定，实践中可继续根据该规定执行。	
第五十六条 人民检察院受理当事人申请对人民法院已经发生法律效力的民事判决、裁定、调解书监督的案件，应当在三个月内审查终结并作出决定。 对民事审判程序中审判人员违法行为监督案件和对民事执行活动监督案件的审查期限，依照前款规定执行。	第五十二条 人民检察院受理当事人申请对人民法院已经发生法律效力的民事判决、裁定、调解书监督的案件，应当在三个月内审查终结并作出决定，但调卷、鉴定、评估、审计、专家咨询等期间不计入审查期限。 对民事审判程序中审判人员违法行为监督案件和对民事执行活动监督案件的审查期限，参照前款规定执行。

《人民检察院民事诉讼监督规则（试行）》	《人民检察院民事诉讼监督规则》

【修改要点】民事诉讼法规定，检察机关审查民事诉讼监督案件的期限为3个月，但是没有规定扣除审查期限制度。实践中，检察机关经常遇到由于调取法院卷宗、调查核实、专家咨询、引导当事人和解以及案件疑难复杂等客观情况，导致检察机关无法在法定的3个月审查期限内审结，进而出现案件超期现象，影响了检察工作的规范性与权威性。2016年《人民检察院行政诉讼监督规则（试行）》第12条规定了扣除审查期限内容。本次修订借鉴上述《人民检察院行政诉讼监督规则（试行）》规定，并在征求立法机关意见后增加扣除审查期限内容。

需要说明的是，《人民检察院行政诉讼监督规则（试行）》第12条对扣除审查期限的规定采用了列举方式，并无"等外"规定。这并不符合当前民事诉讼监督案件审查工作的需求，因为随着民事诉讼监督案件专家咨询制度的建立以及互联网咨询平台的试点推进，专家咨询期限不属于承办检察官可控制范围，也需要将专家咨询期间纳入扣除审查期限。因此，从工作发展趋势看，有必要对扣除审查期限作出"等外"规定。

民事诉讼法对审判人员违法行为监督和执行监督案件没有规定办案期限，因此，这两类案件的办理期限是参照裁判结果监督规定执行。本次修订将"依照"改为"参照"，理由是：2009年全国人大常委会法工委《立法技术规范（试行）（一）》第18.1条规定："以法律法规作为依据的，一般用'依照'"；第18.3条规定："'参照'一般用于没有直接纳入法律调整范围，但是又属于该范围逻辑内涵自然延伸的事项"。因此，在本条第2款使用"参照"比"依照"更准确。

需要说明的是，关于延长审查期限的问题，由于各方意见分歧较大，有待进一步研究，因此本规则对延长审查期限问题暂未作规定。

《人民检察院民事诉讼监督规则（试行）》	《人民检察院民事诉讼监督规则》
	第五十三条 人民检察院办理民事诉讼监督案件，可以依照有关规定指派司法警察协助承办检察官履行调查核实、听证等职责。

《人民检察院民事诉讼 监督规则（试行）》	《人民检察院民事诉讼 监督规则》

【修改要点】本次修订在"总则"中明确将司法警察纳入检察辅助人员范围，但未规定司法警察的具体辅助办案职责。考虑在民事诉讼监督程序中，司法警察可参与听证、调查核实等环节，预防、制止妨碍检察活动的违法犯罪行为，维护检察工作秩序，保证检察工作的顺利进行。因此，本次修订增设本条。

第二节　听　证	第二节　听　证
第五十七条　人民检察院审查民事诉讼监督案件，认为确有必要的，可以组织有关当事人听证。 根据案件具体情况，可以邀请与案件没有利害关系的人大代表、政协委员、人民监督员、特约检察员、专家咨询委员、人民调解员或者当事人所在单位、居住地的居民委员会委员以及专家、学者等其他社会人士参加听证。	第五十四条　人民检察院审查民事诉讼监督案件，认为确有必要的，可以组织有关当事人听证。 人民检察院审查民事诉讼监督案件，可以邀请与案件没有利害关系的人大代表、政协委员、人民监督员、特约检察员、专家咨询委员、人民调解员或者当事人所在单位、居住地的居民委员会、村民委员会成员以及专家、学者等其他社会人士参加公开听证，但该民事案件涉及国家秘密、个人隐私或者法律另有规定不得公开的除外。

【修改要点】涉及农民权益的民事案件也可以邀请村民委员会成员参加听证，因此本次修订在本条第2款中增加"村民委员会"。另外，根据法律相关规定，居民委员会或者村民委员会的成员包括主任、副主任和委员。原规则中"委员"表述范围过窄，本次修订将本条第2款中"委员"改为"成员"。

修订中，有意见认为民事诉讼法第134条规定了人民法院不公开审理民事案件的情形，包括涉及国家秘密、个人隐私或者法律另有规定的，以及离婚案

《人民检察院民事诉讼 监督规则（试行）》	《人民检察院民事诉讼 监督规则》

件、涉及商业秘密的案件，当事人申请不公开审理的等。对于不公开审理的案件，是否可以邀请相关人士参加听证，建议予以明确。本次修订采纳上述意见，将本条第2款改为"……但该民事案件涉及国家秘密、个人隐私或者法律另有规定不得公开的除外"。理由是：增强原规则本款中"根据案件具体情况"的可操作性。

需要注意的是，为深化履行法律监督职责，进一步加强和规范人民检察院以听证方式审查案件工作，最高人民检察院于2020年10月20日发布了《人民检察院审查案件听证工作规定》，对听证的范围、听证会的类型、听证会参加人、听证会程序、听证费用等进行了规定。《人民检察院审查案件听证工作规定》适用的对象包括办理羁押必要性审查案件、拟不起诉案件、刑事申诉案件、民事诉讼监督案件、行政诉讼监督案件、公益诉讼案件等，本规则只适用于负责民事检察的部门办理的案件。《人民检察院审查案件听证工作规定》与本规则关于听证制度的内容，是一般与特别的关系。本规则没有规定的，适用《人民检察院审查案件听证工作规定》的相关规定。

第五十八条　人民检察院组织听证，由承办**该案件的检察人员**主持，书记员负责记录。 　　听证**应当**在人民检察院专门听证场所内进行。	**第五十五条**　人民检察院组织听证，由承办**检察官**主持，书记员负责记录。 　　听证**一般**在人民检察院专门听证场所内进行。

【**修改要点**】听证是一项重要的司法活动，根据《人民检察院检察听证室设置规范》等要求，应由检察官主持，检察官助理不宜主持，因此，本次修订对本条作出相应修改。

本条第2款与《人民检察院审查案件听证工作规定》第12条保持一致，听证会一般在人民检察院检察听证室举行。有特殊情形的，经检察长批准也可以在其他场所举行。实践中，有的听证会在"田间地头"进行，办案的"三个效果"也很好。

《人民检察院民事诉讼监督规则（试行）》	《人民检察院民事诉讼监督规则》
第五十九条　人民检察院组织听证，应当在听证三日前通知参加听证的当事人，并告知听证的时间、地点。	第五十六条　人民检察院组织听证，应当在听证三日前告知听证会参加人案由、听证时间和地点。
【修改要点】与《人民检察院审查案件听证工作规定》第10条第2项规定保持一致。	
第六十条　参加听证的当事人和其他相关人员应当按时参加听证，当事人无正当理由缺席或者未经许可中途退席的，不影响听证程序的进行。	第五十七条　参加听证的当事人和其他相关人员应当按时参加听证，当事人无正当理由缺席或者未经许可中途退席的，不影响听证程序的进行。
第六十一条　听证应当围绕民事诉讼监督案件中的事实认定和法律适用等问题进行。 对当事人提交的证据材料和人民检察院调查取得的证据，应当充分听取各方当事人的意见。	第五十八条　听证应当围绕民事诉讼监督案件中的事实认定和法律适用等问题进行。 对当事人提交的证据材料和人民检察院调查取得的证据，应当充分听取各方当事人的意见。
第六十二条　听证应当按照下列顺序进行： （一）申请人陈述申请监督请求、事实和理由； （二）其他当事人发表意见； （三）申请人和其他当事人提交新证据的，应当出示并予以说明； （四）出示人民检察院调查取得的证据；	第五十九条　听证会一般按照下列步骤进行： （一）承办案件的检察官介绍案件情况和需要听证的问题； （二）当事人及其他参加人就需要听证的问题分别说明情况； （三）听证员向当事人或者其他参加人提问； （四）主持人宣布休会，听证员就听证事项进行讨论；

《人民检察院民事诉讼监督规则（试行）》	《人民检察院民事诉讼监督规则》
（五）案件各方当事人陈述对听证中所出示证据的意见； （六）申请人和其他当事人发表最后意见。	（五）主持人宣布复会，根据案件情况，可以由听证员或者听证员代表发表意见； （六）当事人发表最后陈述意见； （七）主持人对听证会进行总结。

【修改要点】与《人民检察院审查案件听证工作规定》第15条规定保持一致。

第六十三条　听证应当制作笔录，经当事人校阅后，由当事人签名或者盖章。拒绝签名盖章的，应当记明情况。	第六十条　听证应当制作笔录，经当事人校阅后，由当事人签名或者盖章。拒绝签名盖章的，应当记明情况。
第六十四条　参加听证的人员应当服从听证主持人指挥。 对违反听证秩序的，人民检察院可以予以训诫，责令退出听证场所；对哄闹、冲击听证场所，侮辱、诽谤、威胁、殴打检察人员等严重扰乱听证秩序的，依法追究责任。	第六十一条　参加听证的人员应当服从听证主持人指挥。 对违反听证秩序的，人民检察院可以予以批评教育，责令退出听证场所；对哄闹、冲击听证场所，侮辱、诽谤、威胁、殴打检察人员等严重扰乱听证秩序的，依法追究相应法律责任。

【修改要点】本次修订将原规则中的"训诫"都改为"批评教育"。理由是：使用"训诫"表述缺乏直接的法律依据。另外，本次修订将"依法追究责任"改为"依法追究相应法律责任"，使表述更加准确。

《人民检察院民事诉讼监督规则（试行）》	《人民检察院民事诉讼监督规则》
第三节　调查核实	第三节　调查核实
第六十五条　人民检察院因履行法律监督职责提出检察建议或者抗诉的需要，有下列情形之一的，可以向当事人或者案外人调查核实有关情况： 　　（一）民事判决、裁定、调解书可能存在法律规定需要监督的情形，仅通过阅卷及审查现有材料难以认定的； 　　（二）民事审判程序中审判人员可能存在违法行为的； 　　（三）民事执行活动可能存在违法情形的； 　　（四）其他需要调查核实的情形。	第六十二条　人民检察院因履行法律监督职责的需要，有下列情形之一的，可以向当事人或者案外人调查核实有关情况： 　　（一）民事判决、裁定、调解书可能存在法律规定需要监督的情形，仅通过阅卷及审查现有材料难以认定的； 　　（二）民事审判程序中审判人员可能存在违法行为的； 　　（三）民事执行活动可能存在违法情形的； 　　（四）其他需要调查核实的情形。

　　【修改要点】本次修订删除本条第1款中"提出检察建议或者抗诉"字样，使条文表述更加简洁。

　　需要注意的是，为加强检法两院沟通协作，确保检察机关客观公正审查监督案件，最高人民法院、最高人民检察院、公安部、司法部《关于进一步加强虚假诉讼犯罪惩治工作的意见》第20条第3款规定："人民检察院发现民事诉讼监督案件存在虚假诉讼犯罪嫌疑的，可以听取人民法院原承办人的意见。"

第六十六条　人民检察院可以采取以下调查核实措施： 　　（一）查询、调取、复制相关证据材料； 　　（二）询问当事人或者案外人；	第六十三条　人民检察院可以采取以下调查核实措施： 　　（一）查询、调取、复制相关证据材料； 　　（二）询问当事人或者案外人；

《人民检察院民事诉讼监督规则（试行）》	《人民检察院民事诉讼监督规则》
（三）咨询专业人员、相关部门或者行业协会等对专门问题的意见； （四）委托鉴定、评估、审计； （五）勘验物证、现场； （六）查明案件事实所需要采取的其他措施。 人民检察院调查核实，不得采取限制人身自由和查封、扣押、冻结财产等强制性措施。	（三）咨询专业人员、相关部门或者行业协会等对专门问题的意见； （四）委托鉴定、评估、审计； （五）勘验物证、现场； （六）查明案件事实所需要采取的其他措施。 人民检察院调查核实，不得采取限制人身自由和查封、扣押、冻结财产等强制性措施。
	第六十四条 有下列情形之一的，人民检察院可以向银行业金融机构查询、调取、复制相关证据材料： （一）可能损害国家利益、社会公共利益的； （二）审判、执行人员可能存在违法行为的； （三）涉及《中华人民共和国民事诉讼法》第五十五条规定诉讼的； （四）当事人有伪造证据、恶意串通损害他人合法权益可能的。 人民检察院可以依照有关规定指派具备相应资格的检察技术人员对民事诉讼监督案件中的鉴定意见等技术性证据进行专门审查，并出具审查意见。

《人民检察院民事诉讼监督规则（试行）》	《人民检察院民事诉讼监督规则》
【修改要点】实践中，检察机关在办理虚假诉讼监督等案件时，为查清当事人是否存在虚假诉讼行为，往往需要查询当事人或者案外人的银行账户流水情况。例如，最高人民检察院发布的第十四批虚假诉讼监督指导性案例的检例第 52 号、第 53 号中，检察机关均采取了查询当事人及案外人银行存款措施。为进一步明确范围，规范检察机关向银行业金融机构查询、调取、复制相关证据材料工作，本次修订将检察机关该调查核实措施限定在损害国家利益和社会公共利益、审判人员存在违法行为、当事人存在虚假诉讼行为、公益诉讼等需要主动取证的四种情形。 另外，考虑检察机关有专门的检察技术人员，为实现对鉴定意见等技术性证据的有效审查，本次修订还对技术性证据专门审查问题作了衔接性规定。	
第六十七条 人民检察院可以就专门性问题书面或者口头咨询有关专业人员、相关部门或者行业协会的意见。口头咨询的，应当制作笔录，由接受咨询的专业人员签名或者盖章。拒绝签名盖章的，应当记明情况。	**第六十五条** 人民检察院可以就专门性问题书面或者口头咨询有关专业人员、相关部门或者行业协会的意见。口头咨询的，应当制作笔录，由接受咨询的专业人员签名或者盖章。拒绝签名盖章的，应当记明情况。
第六十八条 人民检察院对专门性问题认为需要鉴定、评估、审计的，可以委托具备资格的机构进行鉴定、评估、审计。 在诉讼过程中已经进行过鉴定、评估、审计的，一般不再委托鉴定、评估、审计。	**第六十六条** 人民检察院对专门性问题认为需要鉴定、评估、审计的，可以委托具备资格的机构进行鉴定、评估、审计。 在诉讼过程中已经进行过鉴定、评估、审计的，一般不再委托鉴定、评估、审计。

《人民检察院民事诉讼 监督规则（试行）》	《人民检察院民事诉讼 监督规则》
第六十九条　人民检察院认为确有必要的，可以勘验物证或者现场。勘验人应当出示人民检察院的证件，并邀请当地基层组织或者当事人所在单位派人参加。当事人或者当事人的成年家属应当到场，拒不到场的，不影响勘验的进行。 　　勘验人应当将勘验情况和结果制作笔录，由勘验人、当事人和被邀参加人签名或者盖章。	**第六十七条**　人民检察院认为确有必要的，可以勘验物证或者现场。勘验人应当出示人民检察院的证件，并邀请当地基层组织或者当事人所在单位派人参加。当事人或者当事人的成年家属应当到场，拒不到场的，不影响勘验的进行。 　　勘验人应当将勘验情况和结果制作笔录，由勘验人、当事人和被邀参加人签名或者盖章。
第七十条　需要调查核实的，由承办人提出，部门负责人或者检察长批准。	**第六十八条**　需要调查核实的，由承办检察官在职权范围内决定，或者报检察长决定。
【修改要点】调查核实的措施种类较多，不同的措施在法律程序的约束方面不同，不宜不区分具体情况，对决定权主体作出单一的规定。如采取电话询问当事人措施与委托鉴定措施，前者的法律程序约束性明显小于后者，前者适合检察官自己决定，后者适合由检察官报请分管副检察长审批。司法责任制改革后，调查核实决定主体已由各省级检察院检察官权力清单规定。因此，本次修订对调查核实权的决定主体作出修改。	
第七十一条　人民检察院调查核实，应当由二人以上共同进行。 　　调查笔录经被调查人校阅后，由调查人、被调查人签名或者盖章。被调查人拒绝签名盖章的，应当记明情况。	**第六十九条**　人民检察院调查核实，应当由二人以上共同进行。 　　调查笔录经被调查人校阅后，由调查人、被调查人签名或者盖章。被调查人拒绝签名盖章的，应当记明情况。

《人民检察院民事诉讼监督规则（试行）》	《人民检察院民事诉讼监督规则》
第七十二条 人民检察院可以指令下级人民检察院或者委托外地人民检察院调查核实。 人民检察院指令调查或者委托调查的，应当发送《指令调查通知书》或者《委托调查函》，载明调查核实事项、证据线索及要求。受指令或者受委托人民检察院收到《指令调查通知书》或者《委托调查函》后，应当在十五日内完成调查核实工作并书面回复。因客观原因不能完成调查的，应当在上述期限内书面回复指令或者委托的人民检察院。 人民检察院到外地调查的，当地人民检察院应当配合。	第七十条 人民检察院可以指令下级人民检察院或者委托外地人民检察院调查核实。 人民检察院指令调查或者委托调查的，应当发送《指令调查通知书》或者《委托调查函》，载明调查核实事项、证据线索及要求。受指令或者受委托人民检察院收到《指令调查通知书》或者《委托调查函》后，应当在十五日内完成调查核实工作并书面回复。因客观原因不能完成调查的，应当在上述期限内书面回复指令或者委托的人民检察院。 人民检察院到外地调查的，当地人民检察院应当配合。
第七十三条 人民检察院调查核实，有关单位和个人应当配合。拒绝或者妨碍人民检察院调查核实的，人民检察院可以向有关单位或者其上级主管部门提出检察建议，责令纠正；涉嫌犯罪的，依照规定移送有关机关处理。	第七十一条 人民检察院调查核实，有关单位和个人应当配合。拒绝或者妨碍人民检察院调查核实的，人民检察院可以向有关单位或者其上级主管部门提出检察建议，责令纠正；涉嫌违纪违法犯罪的，依照规定移送有关机关处理。

【修改要点】根据监察法第34条、《执法机关和司法机关向纪检监察机关移送问题线索工作办法》第3条第1款等规定，检察机关在工作中发现党员干部违纪违法问题线索的，应当移送纪检监察机关处理。因此，本次修订增加调查核实工作中发现违纪违法问题线索移送的规定。

《人民检察院民事诉讼 监督规则（试行）》	《人民检察院民事诉讼 监督规则》

需要注意的是，最高人民法院、最高人民检察院、公安部、司法部《关于进一步加强虚假诉讼犯罪惩治工作的意见》第20条第1款规定："人民检察院办理民事诉讼监督案件过程中，发现存在虚假诉讼犯罪嫌疑的，可以向民事诉讼当事人或者案外人调查核实有关情况。有关单位和个人无正当理由拒不配合调查核实、妨害民事诉讼的，人民检察院可以建议有关人民法院依照民事诉讼法第一百一十一条第一款第五项等规定处理。"制定该条的主要考虑是：由于虚假诉讼具有隐蔽性强的特征，如果检察机关只审查案件卷宗，难以全面了解案情，因此，有必要依法行使调查核实权，确保调取的证据能够相互印证，并形成完整的证据链，为有效监督虚假诉讼案件提供证据基础。在调查核实工作中，查询、调取、复印相关证据材料，询问当事人或案外人以及委托鉴定等是三种常用的调查措施。由于前两项调查措施需要有关单位或者个人的配合，基于民事诉讼法第210条仅授权检察机关有权采取调查核实措施而未规定检察机关对有关单位或者个人不予配合的处置措施，实践中，检察机关对有关单位或者个人无正当理由不予配合的问题往往束手无策，导致依法履行法律监督职责受阻。为解决检察机关行使民事调查核实权缺乏刚性保障问题，实践中有意见认为，检察机关应当参照适用民事诉讼法第十章对妨害民事诉讼的强制措施的规定，有权对无正当理由拒不配合调查核实的有关单位或者个人采取罚款或者拘留等强制措施。但也有意见认为，检察机关能否采取罚款或者拘留等民事强制措施在法理上是可以探讨的，但民事诉讼法第117条明确规定"采取对妨害民事诉讼的强制措施必须由人民法院决定"，国家权力机关遵循法无授权不可为原则，在民事诉讼法未赋予检察机关相应权力之前，检察机关不得采取罚款或者拘留等强制措施。为严惩虚假诉讼违法犯罪行为，最高人民法院、最高人民检察院、公安部、司法部《关于进一步加强虚假诉讼犯罪惩治工作的意见》第20条第1款在严格遵循民事诉讼法相关规定精神的前提下，对检察机关依法行使调查核实权刚性保障问题作出规定，即"有关单位和个人无正当理由拒不配合调查核实、妨害民事诉讼的，人民检察院可以建议有关人民法院依

照民事诉讼法第一百一十一条第一款第五项等规定处理"，探索建立检察机关民事强制措施建议权制度。探索该项制度的依据是民事诉讼法第111条第1款第5项规定："诉讼参与人或者其他人有下列行为之一的，人民法院可以根据情节轻重予以罚款、拘留；构成犯罪的，依法追究刑事责任……（五）以暴力、威胁或者其他方法阻碍司法工作人员执行职务的……"

根据检察机关民事强制措施建议权制度设计的本意，该项制度包括以下几方面内容：第一，建议方式。基于民事检察监督是一项依法进行的司法活动，检察机关应当采用《检察建议书》而非公文函件方式向同级法院提出书面建议。第二，提出建议的衡量标准。最高人民法院、最高人民检察院、公安部、司法部《关于进一步加强虚假诉讼犯罪惩治工作的意见》规定，检察机关针对"有关单位和个人无正当理由拒不配合调查核实、妨害民事诉讼的"可以提出建议。因此，检察机关应当提出证明有关单位和个人不予配合的相应证据，如执法记录仪拍摄的取证现场视频资料等，并在《检察建议书》中对有关单位和个人不予配合缺乏"正当理由"情形进行说明。第三，法院立案部门收到此类《检察建议书》后进行立案登记并移送民事审判部门审查。法院民事审判部门以书面审查为原则，必要时可通过适当方式听取有关单位和个人意见，并依法作出决定。法院采纳检察建议的，应当依法采取强制措施；未采纳检察建议的，应当函告同级检察院并说明理由。第四，有关单位和个人在此类案件中依法享有申辩、申请复议等诉讼权利和救济途径。

第四节　中止审查和终结审查	第四节　中止审查和终结审查
第七十四条　有下列情形之一的，人民检察院可以中止审查： （一）申请监督的自然人死亡，需要等待继承人表明是否继续申请监督的；	**第七十二条**　有下列情形之一的，人民检察院可以中止审查： （一）申请监督的自然人死亡，需要等待继承人表明是否继续申请监督的；

《人民检察院民事诉讼监督规则（试行）》	《人民检察院民事诉讼监督规则》
（二）申请监督的法人或者**其他组织**终止，尚未确定权利义务承受人的； （三）本案必须以另一案的处理结果为依据，而另一案尚未审结的； （四）其他可以中止审查的情形。 中止审查的，应当制作《中止审查决定书》，并发送当事人。中止审查的原因消除后，应当恢复审查。	（二）申请监督的法人或者**非法人组织**终止，尚未确定权利义务承受人的； （三）本案必须以另一案的处理结果为依据，而另一案尚未审结的； （四）其他可以中止审查的情形。 中止审查的，应当制作《中止审查决定书》，并发送当事人。中止审查的原因消除后，应当**及时**恢复审查。

【修改要点】在个别案件中，案件承办检察官在中止审查的原因消除后，未及时恢复审查，造成案件审查期限过长，案件当事人对此反映强烈。为进一步规范中止审查行为，切实保障当事人申请监督权利，本次修订增加"及时"恢复审查要求。

需要注意的是，本次修订新增第52条有关扣除审查期限的规定，因此，本规则施行后，无法及时调卷或者进行鉴定等客观原因造成的审限不足问题都能通过扣除审限的方式加以解决，此时不应再适用本条第1款第4项其他可以中止的情形。

第七十五条 有下列情形之一的，人民检察院应当终结审查： （一）人民法院已经裁定再审或者已经纠正违法行为的； （二）申请人撤回监督申请~~或者当事人达成和解协议~~，且不损害国家利益、社会公共利益或者他人合法权益的；	**第七十三条** 有下列情形之一的，人民检察院应当终结审查： （一）人民法院已经裁定再审或者已经纠正违法行为的； （二）申请人撤回监督申请，且不损害国家利益、社会公共利益或者他人合法权益的；

《人民检察院民事诉讼监督规则（试行）》	《人民检察院民事诉讼监督规则》
（三）申请监督的自然人死亡，没有继承人或者继承人放弃申请，且没有发现其他应当监督的违法情形的； （四）申请监督的法人或者其他组织终止，没有权利义务承受人或者权利义务承受人放弃申请，且没有发现其他应当监督的违法情形的； （五）发现已经受理的案件不符合受理条件的； （六）人民检察院依职权发现的案件，经审查不需要采取监督措施的； （七）其他应当终结审查的情形。 终结审查的，应当制作《终结审查决定书》，需要通知当事人的，发送当事人。	（三）申请人在与其他当事人达成的和解协议中声明放弃申请监督权利，且不损害国家利益、社会公共利益或者他人合法权益的； （四）申请监督的自然人死亡，没有继承人或者继承人放弃申请，且没有发现其他应当监督的违法情形的； （五）申请监督的法人或者非法人组织终止，没有权利义务承受人或者权利义务承受人放弃申请，且没有发现其他应当监督的违法情形的； （六）发现已经受理的案件不符合受理条件的； （七）人民检察院依职权启动监督程序的案件，经审查不需要采取监督措施的； （八）其他应当终结审查的情形。 终结审查的，应当制作《终结审查决定书》，需要通知当事人的，发送当事人。

【修改要点】实践中，一方当事人申请监督后，其他当事人向检察机关反映双方当事人已达成和解协议并要求检察机关依照原规则第75条第1款第2项规定对案件作终结审查。但申请人认为，虽然双方达成和解协议，但和解协议尚未履行或者未履行完毕，其并未放弃申请监督权利。从上述情况看，如果检察机关仅因为当事人达成和解协议就决定终结审查，显然不利于平等保护当事人合法权益。因此，本次修订对此调整为"申请人在与其他当事人达成的和

《人民检察院民事诉讼 监督规则（试行）》	《人民检察院民事诉讼 监督规则》

解协议中声明放弃申请监督权利，且不损害国家利益、社会公共利益或者他人合法权益"。理由是：申请人在与其他当事人达成的和解协议中声明放弃申请监督权利，意味着申请人已通过协议处分了自己的诉讼权利，在不损害国家利益和社会公共利益的情况下，原案纠纷已获得解决，检察机关据此对案件终结审查，并不损害申请人的合法权益。

需要注意的是：

1. 因当事人达成和解所导致的检察机关终结审查情形与法院终结审查情形不同。最高人民法院《关于适用〈中华人民共和国民事诉讼法〉的解释》第 402 条规定："再审申请审查期间，有下列情形之一的，裁定终结审查……（三）当事人达成和解协议且已履行完毕的，但当事人在和解协议中声明不放弃申请再审权利的除外。"

2. 关于在部分申请人与其他当事人达成和解协议并向检察机关书面申请撤回监督申请的情形下是否可以终结审查的问题，经研究认为，检察机关是针对全案进行审查，所以对一个案件只能作出一个审查结论，不能对部分申请人出具终结审查决定书，对另一部分申请人出具不支持监督申请决定书或者其他文书，所以检察机关还应当继续审查。实践中比较稳妥的做法是，承办检察官应当与提出撤回监督申请的部分申请人联系，告知其撤回监督申请后检察机关继续审查该案，其诉讼地位变为其他当事人，并将上述告知情况记入审查终结报告或者记录在案。同时注意由于部分申请人的诉讼地位已经发生变化，在制作决定书时要将撤回监督申请的申请人列为其他当事人。

3. 当事人向检察机关提出撤回监督申请，检察机关审查后作出终结审查决定后，当事人再次向检察机关申请监督的，是否受理？对此有不同意见：第一种意见认为，应当依照民事诉讼法第 209 条有关"一次性申请监督"规定以及本条兜底条款规定不予受理。理由是：当事人撤回监督申请是对自己诉讼权利处分的行为，根据诚实信用原则，检察机关不应再次受理。当然，检察机关不予受理并不意味着当事人不能再次反映相关问题，当事人来信来访反映问题

《人民检察院民事诉讼监督规则（试行）》	《人民检察院民事诉讼监督规则》
的，检察机关发现民事案件符合依职权启动监督程序案件范围的，也可以依职权启动监督程序。第二种意见认为，可以参考最高人民法院《关于适用〈中华人民共和国民事诉讼法〉的解释》第401条处理，即检察机关原则上不再受理，但有民事诉讼法第200条第1项、第3项、第12项、第13项规定情形，即"有新的证据，足以推翻原判决、裁定的""原判决、裁定认定事实的主要证据是伪造的""据以作出原判决、裁定的法律文书被撤销或者变更的"和"审判人员审理该案件时有贪污受贿，徇私舞弊，枉法裁判行为的"，自知道或者应当知道之日起6个月内提出的除外。经初步研究，倾向认为第一种意见更为妥当。	
第六章　对生效判决、裁定、调解书的监督	**第五章　对生效判决、裁定、调解书的监督**
第一节　一般规定	第一节　一般规定
第七十六条　人民检察院发现人民法院已经发生法律效力的民事判决、裁定有《中华人民共和国民事诉讼法》第二百条规定情形之一的，依法向人民法院提出再审检察建议或者抗诉。	**第七十四条**　人民检察院发现人民法院已经发生法律效力的民事判决、裁定有《中华人民共和国民事诉讼法》第二百条规定情形之一的，依法向人民法院提出再审检察建议或者抗诉。
第七十七条　人民检察院发现民事调解书损害国家利益、社会公共利益的，依法向人民法院提出再审检察建议或者抗诉。	**第七十五条**　人民检察院发现民事调解书损害国家利益、社会公共利益的，依法向人民法院提出再审检察建议或者抗诉。 人民检察院对当事人通过虚假诉讼获得的民事调解书应当依照前款规定监督。

《人民检察院民事诉讼 监督规则（试行）》	《人民检察院民事诉讼 监督规则》

【修改要点】2019 年 3 月 15 日，中共中央政法委员会、最高人民法院、最高人民检察院《关于进一步优化司法资源配置全面提升司法效能的意见》提出："探索检察机关对虚假诉讼的监督机制。"《最高人民检察院第十四批指导性案例》中"武汉乙投资公司等骗取调解书虚假诉讼监督案"的第一点指导意义明确指出：虚假诉讼的民事调解有其特殊性，此类案件以调解书形式出现，从外表看是当事人在处分自己的民事权利义务，与他人无关。但其实质是当事人利用调解书形式达到了某种非法目的，获得了某种非法利益，或者损害了他人的合法权益。当事人这种以调解形式达到非法目的或获取非法利益的行为，利用了人民法院的审判权，从实质上突破了调解各方私益的范畴，所处分和损害的利益已不仅仅是当事人的私益，还妨碍了司法秩序，损害了司法权威，侵害了国家和社会公共利益，应当依法监督。对于此类虚假民事调解，检察机关可以依照民事诉讼法的相关规定提出抗诉。最高人民法院、最高人民检察院、公安部、司法部《关于进一步加强虚假诉讼犯罪惩治工作的意见》第 18 条规定："人民检察院发现已经发生法律效力的判决、裁定、调解书系民事诉讼当事人通过虚假诉讼获得的，应当依照民事诉讼法第二百零八条第一款、第二款等法律和相关司法解释的规定，向人民法院提出再审检察建议或者抗诉。"制定该条的主要考虑是：虚假诉讼行为人以调解形式达到非法目的或获取非法利益的行为，利用了人民法院的审判权，从实质上突破了调解各方私益的范畴，所处分和损害的利益已不仅仅是当事人的私益，还妨碍了司法秩序，损害了司法权威。司法权属于中央事权，妨碍司法秩序和损害司法权威，必然影响国家对中央事权的正常支配及社会公众对法治的信仰，因此，司法秩序和司法权威属于"国家利益、社会公共利益"范畴，虚假诉讼对司法秩序和司法权威的损害也就是对"国家利益、社会公共利益"的损害。

本次修订吸收最高人民法院、最高人民检察院、公安部、司法部《关于进一步加强虚假诉讼犯罪惩治工作的意见》第 18 条规定，明确了检察机关对虚假调解的监督方式，为进一步强化虚假调解监督提供了制度依据。

《人民检察院民事诉讼监督规则（试行）》	《人民检察院民事诉讼监督规则》
第七十八条　下列证据，应当认定为《中华人民共和国民事诉讼法》第二百条第一项规定的"新的证据"： （一）原审庭审结束前已客观存在但庭审结束后新发现的证据； （二）原审庭审结束前已经发现，但因客观原因无法取得或者在规定的期限内不能提供的证据； （三）原审庭审结束后原作出鉴定意见、勘验笔录者重新鉴定、勘验，推翻原意见的证据； （四）当事人在原审中提供的，原审未予质证、认证，但足以推翻原判决、裁定的主要证据。	第七十六条　当事人因故意或者重大过失逾期提供的证据，人民检察院不予采纳。但该证据与案件基本事实有关并且能够证明原判决、裁定确有错误的，应当认定为《中华人民共和国民事诉讼法》第二百条第一项规定的情形。 人民检察院依照本规则第六十三条、第六十四条规定调查取得的证据，与案件基本事实有关并且能够证明原判决、裁定确有错误的，应当认定为《中华人民共和国民事诉讼法》第二百条第一项规定的情形。

【修改要点】原规则第 78 条是对民事诉讼法第 200 条第 1 项中"新证据"所作的解释，主要是在参考 2008 年最高人民法院《关于适用〈中华人民共和国民事诉讼法〉审判监督程序若干问题的解释》[①]第 10 条规定的基础上制定的，其特点在于侧重对"新证据资格"的审查。但 2015 年最高人民法院《关于适用〈中华人民共和国民事诉讼法〉的解释》[②]对"新的证据"的规定已发生了重大改变，其第 102 条规定："当事人因故意或者重大过失逾期提供的证据，人民法院不予采纳。但该证据与案件基本事实有关的，人民法院应当采纳，并依照民事诉讼法第六十五条、第一百一十五条第一款的规定予以训诫、罚款。当事人非因故意或者重大过失逾期提供的证据，人民法院应当采纳，并

---

① 2020 年 12 月 29 日修正，2021 年 1 月 1 日起施行。——编者注
② 2020 年 12 月 29 日修正，2021 年 1 月 1 日起施行。——编者注

《人民检察院民事诉讼监督规则（试行）》	《人民检察院民事诉讼监督规则》

对当事人予以训诫。当事人一方要求另一方赔偿因逾期提供证据致使其增加的交通、住宿、就餐、误工、证人出庭作证等必要费用的，人民法院可予支持。"可见，最高人民法院新的司法解释已改变了以往对"新证据资格"严格审查的要求，重点不再审查新证据是否具备法定资格，而是当事人在原审结束后所提供的证据是否足以推翻原审裁判。也就是说，最高人民法院新的司法解释已经不再强调对新证据的形式审查，而侧重对新证据的实质审查，或者说，新的司法解释已经改变了以往对"新证据资格"严格审查的要求，限制了证据失权规则的适用范围。鉴于最高人民法院新的司法解释对新证据的规定已发生重大变化，本次修订与其保持一致，同时对检察机关调取的证据的效力进行了规定。

《人民检察院民事诉讼监督规则（试行）》	《人民检察院民事诉讼监督规则》
第七十九条 有下列情形之一的，应当认定为《中华人民共和国民事诉讼法》第二百条第二项规定的"认定的基本事实缺乏证据证明"： （一）认定的基本事实没有证据支持，或者认定的基本事实所依据的证据虚假、缺乏证明力的； （二）认定的基本事实所依据的证据不合法的； （三）对基本事实的认定违反逻辑推理或者日常生活法则的； （四）认定的基本事实缺乏证据证明的其他情形。	**第七十七条** 有下列情形之一的，应当认定为《中华人民共和国民事诉讼法》第二百条第二项规定的"认定的基本事实缺乏证据证明"： （一）认定的基本事实没有证据支持，或者认定的基本事实所依据的证据虚假、缺乏证明力的； （二）认定的基本事实所依据的证据不合法的； （三）对基本事实的认定违反逻辑推理或者日常生活法则的； （四）认定的基本事实缺乏证据证明的其他情形。
第八十条 有下列情形之一的，应当认定为《中华人民共和国民事诉讼法》第二百条第六项规定的"适用法律确有错误"：	**第七十八条** 有下列情形之一，**导致原判决、裁定结果错误的，**应当认定为《中华人民共和国民事诉讼法》第二百条第六项规定的"适用法律确有错误"：

《人民检察院民事诉讼 监督规则（试行）》	《人民检察院民事诉讼 监督规则》
（一）适用的法律与案件性质明显不符的； （二）认定法律关系主体、性质或者法律行为效力错误的； （三）确定民事责任明显违背当事人有效约定或者法律规定的； （四）适用的法律已经失效或者尚未施行的； （五）违反法律溯及力规定的； （六）违反法律适用规则的； （七）适用法律明显违背立法本意的； （八）适用诉讼时效规定错误的； （九）适用法律错误的其他情形。	（一）适用的法律与案件性质明显不符的； （二）确定民事责任明显违背当事人约定或者法律规定的； （三）适用已经失效或者尚未施行的法律的； （四）违反法律溯及力规定的； （五）违反法律适用规则的； （六）明显违背立法原意的； （七）适用法律错误的其他情形。

【修改要点】最高人民法院《关于适用〈中华人民共和国民事诉讼法〉的解释》颁布在原规则之后，该解释关于适用法律确有错误的规定属于新规定，民事诉讼监督规则理应与其保持一致，但仍应保留民事诉讼监督规则的兜底条款，以适应案件情况的多样性，如法院对合同效力认定出现错误，就属于适用法律错误，因为民法典对合同效力问题有明确规定，法院主要依据民法典规定认定合同效力即可，基本不涉及证据和事实认定的问题。法院对合同效力认定出现错误的情形应适用本条的兜底条款。据此，本次修订对本条作了相应修改。

第八十一条 有下列情形之一的，应当认定为《中华人民共和国民事诉讼法》第二百条第七项规定的"审判组织的组成不合法"：	**第七十九条** 有下列情形之一的，应当认定为《中华人民共和国民事诉讼法》第二百条第七项规定的"审判组织的组成不合法"：

《人民检察院民事诉讼监督规则（试行）》	《人民检察院民事诉讼监督规则》
（一）应当组成合议庭审理的案件独任审判的； （二）人民陪审员参与第二审案件审理的； （三）再审、发回重审的案件没有另行组成合议庭的； （四）审理案件的人员不具有审判资格的； （五）审判组织或者人员不合法的其他情形。	（一）应当组成合议庭审理的案件独任审判的； （二）人民陪审员参与第二审案件审理的； （三）再审、发回重审的案件没有另行组成合议庭的； （四）审理案件的人员不具有审判资格的； （五）审判组织或者人员不合法的其他情形。
第八十二条 有下列情形之一的，应当认定为《中华人民共和国民事诉讼法》第二百条第九项规定的"违反法律规定，剥夺当事人辩论权利"： （一）不允许或者严重限制当事人行使辩论权利的； （二）应当开庭审理而未开庭审理的； （三）违反法律规定送达起诉状副本或者上诉状副本，致使当事人无法行使辩论权利的； （四）违法剥夺当事人辩论权利的其他情形。	**第八十条** 有下列情形之一的，应当认定为《中华人民共和国民事诉讼法》第二百条第九项规定的"违反法律规定，剥夺当事人辩论权利"： （一）不允许或者严重限制当事人行使辩论权利的； （二）应当开庭审理而未开庭审理的； （三）违反法律规定送达起诉状副本或者上诉状副本，致使当事人无法行使辩论权利的； （四）违法剥夺当事人辩论权利的其他情形。

《人民检察院民事诉讼监督规则（试行）》	《人民检察院民事诉讼监督规则》
第二节　再审检察建议和提请抗诉	第二节　再审检察建议和提请抗诉
第八十三条　地方各级人民检察院发现同级人民法院已经发生法律效力的民事判决、裁定有下列情形之一的，可以向同级人民法院提出再审检察建议：	第八十一条　地方各级人民检察院发现同级人民法院已经发生法律效力的民事判决、裁定有下列情形之一的，可以向同级人民法院提出再审检察建议：
（一）有新的证据，足以推翻原判决、裁定的；	（一）有新的证据，足以推翻原判决、裁定的；
（二）原判决、裁定认定的基本事实缺乏证据证明的；	（二）原判决、裁定认定的基本事实缺乏证据证明的；
（三）原判决、裁定认定事实的主要证据是伪造的；	（三）原判决、裁定认定事实的主要证据是伪造的；
（四）原判决、裁定认定事实的主要证据未经质证的；	（四）原判决、裁定认定事实的主要证据未经质证的；
（五）对审理案件需要的主要证据，当事人因客观原因不能自行收集，书面申请人民法院调查收集，人民法院未调查收集的；	（五）对审理案件需要的主要证据，当事人因客观原因不能自行收集，书面申请人民法院调查收集，人民法院未调查收集的；
（六）审判组织的组成不合法或者依法应当回避的审判人员没有回避的；	（六）审判组织的组成不合法或者依法应当回避的审判人员没有回避的；
（七）无诉讼行为能力人未经法定代理人代为诉讼或者应当参加诉讼的当事人，因不能归责于本人或者其诉讼代理人的事由，未参加诉讼的；	（七）无诉讼行为能力人未经法定代理人代为诉讼或者应当参加诉讼的当事人，因不能归责于本人或者其诉讼代理人的事由，未参加诉讼的；
（八）违反法律规定，剥夺当事人辩论权利的；	（八）违反法律规定，剥夺当事人辩论权利的；

《人民检察院民事诉讼监督规则（试行）》	《人民检察院民事诉讼监督规则》
（九）未经传票传唤，缺席判决的； （十）原判决、裁定遗漏或者超出诉讼请求的； （十一）据以作出原判决、裁定的法律文书被撤销或者变更的。	（九）未经传票传唤，缺席判决的； （十）原判决、裁定遗漏或者超出诉讼请求的； （十一）据以作出原判决、裁定的法律文书被撤销或者变更的。
第八十四条 符合本规则第八十三条规定的案件有下列情形之一的，地方各级人民检察院应当提请上一级人民检察院抗诉： （一）判决、裁定是经同级人民法院再审后作出的； （二）判决、裁定是经同级人民法院审判委员会讨论作出的； （三）其他不适宜由同级人民法院再审纠正的。	**第八十二条** 符合本规则第八十一条规定的案件有下列情形之一的，地方各级人民检察院一般应当提请上一级人民检察院抗诉： （一）判决、裁定是经同级人民法院再审后作出的； （二）判决、裁定是经同级人民法院审判委员会讨论作出的。
第八十五条 地方各级人民检察院发现同级人民法院已经发生法律效力的民事判决、裁定具有下列情形之一的，应当提请上一级人民检察院抗诉： （一）原判决、裁定适用法律确有错误的； （二）审判人员在审理该案件时有贪污受贿、徇私舞弊、枉法裁判行为的。	**第八十三条** 地方各级人民检察院发现同级人民法院已经发生法律效力的民事判决、裁定有下列情形之一的，一般应当提请上一级人民检察院抗诉： （一）原判决、裁定适用法律确有错误的； （二）审判人员在审理该案件时有贪污受贿，徇私舞弊，枉法裁判行为的。

《人民检察院民事诉讼监督规则（试行）》	《人民检察院民事诉讼监督规则》
	第八十四条　符合本规则第八十二条、第八十三条规定的案件，适宜由同级人民法院再审纠正的，地方各级人民检察院可以向同级人民法院提出再审检察建议。

【修改要点】经过多年实践，发现原规则第84条、第85条规定过于严格，没有为同级检察院对这些类再审事由实行同级监督留下任何空间，与实际不符。特别是"适用法律确有错误"是与"认定基本事实缺乏证据证明"并列作为检察机关最常用的两项监督事由，一律不允许同级检察院对"适用法律确有错误"问题提出再审检察建议，将严重制约同级检察院对再审检察建议这一效率较高、协商式监督方式的有效运用。因此，本次修订对此作了相应修改，即如果检察机关与同级法院协商一致，同级法院愿意自行纠正错案的，也应当允许同级检察院发出再审检察建议。

修订中，有地方检察院建议在民事诉讼监督规则中增加以下一条规定：上级检察院对下级检察院提请抗诉的案件，经审查认为不适宜直接提出抗诉而适宜由下级检察院向同级法院发出再审检察建议的，上级检察院可以指令下级检察院发出再审检察建议或者将案件退回下级检察院再次审查处理。但也有不同意见认为，提请抗诉是下级检察院依据民事诉讼法第208条第2款规定享有的职权，上级检察院对于提请抗诉案件不应再交回下级检察院审查，而应当依法作出抗诉或者不支持监督申请决定。因此，鉴于各方对此问题分歧较大，本次修订对此暂不作规定。

第八十六条　地方各级人民检察院发现民事调解书损害国家利益、社会公共利益的，可以向同级人民法院提出再审检察建议，也可以提请上一级人民检察院抗诉。	第八十五条　地方各级人民检察院发现民事调解书损害国家利益、社会公共利益的，可以向同级人民法院提出再审检察建议，也可以提请上一级人民检察院抗诉。

《人民检察院民事诉讼 监督规则（试行）》	《人民检察院民事诉讼 监督规则》
第八十七条 对人民法院已经采纳再审检察建议进行再审的案件，提出再审检察建议的人民检察院一般不得再向上级人民检察院提请抗诉。	**第八十六条** 对人民法院已经采纳再审检察建议进行再审的案件，提出再审检察建议的人民检察院一般不得再向上级人民检察院提请抗诉。
第八十八条 人民检察院提出再审检察建议，应当制作《再审检察建议书》，在决定提出再审检察建议之日起十五日内将《再审检察建议书》连同案件卷宗移送同级人民法院，并制作决定提出再审检察建议的《通知书》，发送当事人。 人民检察院提出再审检察建议，应当经本院检察委员会决定，并将《再审检察建议书》报上一级人民检察院备案。	**第八十七条** 人民检察院提出再审检察建议，应当制作《再审检察建议书》，在决定提出再审检察建议之日起十五日内将《再审检察建议书》连同案件卷宗移送同级人民法院，并制作决定提出再审检察建议的《通知书》，发送当事人。 人民检察院提出再审检察建议，应当经本院检察委员会决定，并将《再审检察建议书》报上一级人民检察院备案。
第八十九条 人民检察院提请抗诉，应当制作《提请抗诉报告书》，在决定提请抗诉之日起十五日内将《提请抗诉报告书》连同案件卷宗报送上一级人民检察院，并制作决定提请抗诉的《通知书》，发送当事人。	**第八十八条** 人民检察院提请抗诉，应当制作《提请抗诉报告书》，在决定提请抗诉之日起十五日内将《提请抗诉报告书》连同案件卷宗报送上一级人民检察院，并制作决定提请抗诉的《通知书》，发送当事人。
第九十条 人民检察院认为当事人的监督申请不符合提出再审检察建议或者提请抗诉条件的，应当作出不支持监督申请的决定，并在决定之日起十五日内制作《不支持监督申请决定书》，发送当事人。	**第八十九条** 人民检察院认为当事人的监督申请不符合提出再审检察建议或者提请抗诉条件的，应当作出不支持监督申请的决定，并在决定之日起十五日内制作《不支持监督申请决定书》，发送当事人。

《人民检察院民事诉讼监督规则（试行）》	《人民检察院民事诉讼监督规则》
第三节　抗　诉	第三节　抗　诉
第九十一条　最高人民检察院对各级人民法院已经发生法律效力的民事判决、裁定、调解书，上级人民检察院对下级人民法院已经发生法律效力的民事判决、裁定、调解书，发现有《中华人民共和国民事诉讼法》第二百条、第二百零八条规定情形的，应当向同级人民法院提出抗诉。	第九十条　最高人民检察院对各级人民法院已经发生法律效力的民事判决、裁定、调解书，上级人民检察院对下级人民法院已经发生法律效力的民事判决、裁定、调解书，发现有《中华人民共和国民事诉讼法》第二百条、第二百零八条规定情形的，应当向同级人民法院提出抗诉。
	第九十一条　人民检察院提出抗诉的案件，接受抗诉的人民法院将案件交下一级人民法院再审，下一级人民法院审理后作出的再审判决、裁定仍有明显错误的，原提出抗诉的人民检察院可以依职权再次提出抗诉。

　　【修改要点】原规则对原提出抗诉的检察院再次抗诉问题未作规定，实践中存在原提出抗诉的检察院认为再审裁判仍有明显错误而再次提出抗诉的情形。但有的法院援引1995年最高人民法院《关于人民检察院提出抗诉按照审判监督程序再审维持原裁判的民事、经济、行政案件，人民检察院再次提出抗诉应否受理的批复》，拒绝接受原提出抗诉的检察院的再次抗诉。该批复规定："上级人民检察院对下级人民法院已经发生法律效力的民事、经济、行政案件提出抗诉的，无论是同级人民法院再审还是指令下级人民法院再审，凡作出维持原裁判的判决、裁定后，原提出抗诉的人民检察院再次提出抗诉的，人民法院不予受理；原提出抗诉的人民检察院的上级人民检察院提出抗诉的，人民法院应当受理。"经研究认为，该批复出台时间较早，此后民事诉讼法已经

《人民检察院民事诉讼 监督规则（试行）》	《人民检察院民事诉讼 监督规则》
过多次修改。2012年修改后民事诉讼法第208条明确规定了上级检察院有权对下级法院的再审裁判进行抗诉，并无其他限制条件。因此，为统一法律适用标准，在征求最高人民法院意见后，本次修订新增该条规定。 　　需要说明的是，民事诉讼法第209条规定，当事人向检察机关申请监督一次为限。实践中，经常有当事人申请检察机关对抗诉维持判决再次抗诉，检察机关均以跟进监督属检察机关依职权监督范围进行答复。本次修订增加"依职权"，避免当事人误解为授权当事人可以申请检察机关再次监督。	
第九十二条　人民检察院提出抗诉，应当制作《抗诉书》，在决定抗诉之日起十五日内将《抗诉书》连同案件卷宗移送同级人民法院，并制作决定抗诉的《通知书》，发送当事人。	第九十二条　人民检察院提出抗诉，应当制作《抗诉书》，在决定抗诉之日起十五日内将《抗诉书》连同案件卷宗移送同级人民法院，**并由接受抗诉的人民法院向当事人送达再审裁定时一并送达《抗诉书》。** 　　人民检察院应当制作决定抗诉的《通知书》，发送当事人。**上级人民检察院可以委托提请抗诉的人民检察院将决定抗诉的《通知书》发送当事人。**

　　【修改要点】2016年最高人民法院审判监督庭、最高人民检察院民事行政检察厅《关于办理民事诉讼检察监督案件若干问题的会议纪要》第5条对接受抗诉法院向当事人送达《抗诉书》作出规定。本次修订吸收该会议纪要规定，对本条第1款进行修改。

　　基于上下级检察院协作配合的需要，本次修订在本条第2款中增加规定，上级检察院可以委托提请抗诉的检察院将决定抗诉的《通知书》发送当事人。

《人民检察院民事诉讼监督规则（试行）》	《人民检察院民事诉讼监督规则》
第九十三条 人民检察院认为当事人的监督申请不符合抗诉条件的，应当作出不支持监督申请的决定，并在决定之日起十五日内制作《不支持监督申请决定书》，发送当事人。~~下级人民检察院提请抗诉的案件，~~上级人民检察院可以委托提请抗诉的人民检察院将《不支持监督申请决定书》发送当事人。	第九十三条 人民检察院认为当事人的监督申请不符合抗诉条件的，应当作出不支持监督申请的决定，并在决定之日起十五日内制作《不支持监督申请决定书》，发送当事人。上级人民检察院可以委托提请抗诉的人民检察院将《不支持监督申请决定书》发送当事人。
第四节 出 庭	第四节 出 庭
第九十四条 人民检察院提出抗诉的案件，人民法院再审时，人民检察院应当派员出席法庭。	第九十四条 人民检察院提出抗诉的案件，人民法院再审时，人民检察院应当派员出席法庭。 必要时，人民检察院可以协调人民法院安排人民监督员旁听。
【修改要点】修订中，有意见认为，应完善人民监督员参与法庭再审旁听工作。本次修订采纳该意见，增加本条第 2 款规定。	
第九十五条 受理抗诉的人民法院将抗诉案件交下级人民法院再审的，提出抗诉的人民检察院可以指令再审人民法院的同级人民检察院派员出庭。	第九十五条 接受抗诉的人民法院将抗诉案件交下级人民法院再审的，提出抗诉的人民检察院可以指令再审人民法院的同级人民检察院派员出庭。
第九十六条 检察人员出席再审法庭的任务是： （一）宣读抗诉书；	第九十六条 检察人员出席再审法庭的任务是： （一）宣读抗诉书；

《人民检察院民事诉讼监督规则（试行）》	《人民检察院民事诉讼监督规则》
（二）对依职权调查的证据予以出示和说明。 检察人员发现庭审活动违法的，应当待休庭或者庭审结束之后，以人民检察院的名义提出检察建议。	（二）对人民检察院调查取得的证据予以出示和说明； （三）庭审结束时，经审判长许可，可以发表法律监督意见； （四）对法庭审理中违反诉讼程序的情况予以记录。 检察人员发现庭审活动违法的，应当待休庭或者庭审结束之后，以人民检察院的名义提出检察建议。 出庭检察人员应当全程参加庭审。

【修改要点】原规则本条有关两项出庭任务的规定，是最高人民法院、最高人民检察院《关于对民事审判活动与行政诉讼实行法律监督的若干意见》第13条的延续，体现了"两高"的共识，其本意在于检察机关不是民事案件当事人，没有进行法庭答辩的义务，不应参与法庭辩论，以免影响当事人"两造平等"诉讼地位。全国人大常委会法工委编写的《中华人民共和国民事诉讼法释义》一书也指出，检察院派员出席法庭，检察人员在法庭上既不处于原告的地位，也不处于被告的地位，即不影响原审当事人的诉讼地位，而是在法庭上陈述抗诉的请求和所依据的事实和理由，并监督人民法院的审判活动是否合法。

修订中，有意见认为，实践中存在庭审结束时出庭检察人员认为确有必要就相关问题予以说明时在征得法庭同意后发表意见，以及对法庭审理中违反诉讼程序的情况予以记录的做法，这两项实践做法与"两高"之间的共识不冲突，系履行监督职责之所需，可予吸收规定。本次修订采纳该意见，在本条第1款中增加了"庭审结束时，经审判长许可，可以发表法律监督意见"和"对法庭审理中违反诉讼程序的情况予以记录"两项出庭任务。

《人民检察院民事诉讼监督规则（试行）》	《人民检察院民事诉讼监督规则》

修订中，有意见认为，本条应当对检察人员是否全程参加庭审问题作出如下规定："提出抗诉的案件有下列情形之一，出庭检察人员应当全程参加庭审：（一）案件涉及国家利益或重大社会公共利益的；（二）有人民检察院调查取得的证据，且对案件审理构成重大影响，需要出庭检察人员予以出示和说明的；（三）需要人民检察院、人民法院共同做调解工作的；（四）当事人人数众多，有可能引发群体性事件的；（五）有人民监督员旁听的；（六）提出抗诉的人民检察院认为有必要的。"理由是：上述案件，检察人员全程参加庭审，也有利于检察机关全程监督庭审，有利于案件的妥善解决，有利于更好地维护国家和社会公共利益、维护人民群众的合法权益。本次修订新增本条第2款，不仅采纳该意见，而且进一步要求检察人员在所有的抗诉案件再审庭审中都应当全程参加。理由是：实践中，存在个别抗诉案件庭审中检察人员宣读抗诉书完毕并经审判长同意后提前离庭的情况。但是，出席法庭是检察机关履行法律监督职责的重要环节，只有全程出庭才能履行好此项职责。因此，为规范检察人员出庭行为，有必要要求检察人员在所有的抗诉案件再审庭审中都应当全程参加。

	第九十七条 当事人或者其他参加庭审人员在庭审中对检察机关或者出庭检察人员有侮辱、诽谤、威胁等不当言论或者行为的，出庭检察人员应当建议法庭即时予以制止；情节严重的，应当建议法庭依照规定予以处理，并在庭审结束后向检察长报告。

【修改要点】在个别抗诉案件庭审中有的当事人当庭指责、辱骂出庭检察人员，为保护检察人员正常出庭活动和维护检察机关形象，本次修订借鉴2016年最高人民检察院民事行政检察厅《关于人民检察院派员出席民事行政抗诉案件再审法庭工作的若干意见》第8条，增设本条。

《人民检察院民事诉讼监督规则（试行）》	《人民检察院民事诉讼监督规则》
第七章 对审判程序中审判人员违法行为的监督	**第六章 对审判程序中审判人员违法行为的监督**
第九十七条 《中华人民共和国民事诉讼法》第二百零八条第三款规定的审判程序包括： （一）第一审普通程序； （二）简易程序； （三）第二审程序； （四）特别程序； （五）审判监督程序； （六）督促程序； （七）公示催告程序； （八）海事诉讼特别程序； （九）破产程序。	**第九十八条** 《中华人民共和国民事诉讼法》第二百零八条第三款规定的审判程序包括： （一）第一审普通程序； （二）简易程序； （三）第二审程序； （四）特别程序； （五）审判监督程序； （六）督促程序； （七）公示催告程序； （八）海事诉讼特别程序； （九）破产程序。
第九十八条 《中华人民共和国民事诉讼法》第二百零八条第三款的规定适用于法官、人民陪审员、书记员。	**第九十九条** 《中华人民共和国民事诉讼法》第二百零八条第三款的规定适用于法官、人民陪审员、**法官助理**、书记员。

【修改要点】法官法第 2 条规定："法官是依法行使国家审判权的审判人员，包括最高人民法院、地方各级人民法院和军事法院等专门人民法院的院长、副院长、审判委员会委员、庭长、副庭长和审判员。"第 67 条第 1 款规定："人民法院的法官助理在法官指导下负责审查案件材料、草拟法律文书等审判辅助事务。"因此，与司法责任制改革前的助理审判员不同，法官助理不是审判人员，不能独立承担案件，但其仍承担审判辅助事务，修改后民事诉讼法第 208 条第 3 款的规定应当适用于法官助理。因此，本次修订将法官助理纳入审判人员违法行为监督对象。

《人民检察院民事诉讼监督规则（试行）》	《人民检察院民事诉讼监督规则》
第九十九条 人民检察院发现同级人民法院民事审判程序中有下列情形之一的，应当向同级人民法院提出检察建议：	第一百条 人民检察院发现同级人民法院民事审判程序中有下列情形之一的，应当向同级人民法院提出检察建议：
（一）判决、裁定确有错误，但不适用再审程序纠正的；	（一）判决、裁定确有错误，但不适用再审程序纠正的；
（二）调解违反自愿原则或者调解协议的内容违反法律的；	（二）调解违反自愿原则或者调解协议的内容违反法律的；
（三）符合法律规定的起诉和受理条件，应当立案而不立案的；	（三）符合法律规定的起诉和受理条件，应当立案而不立案的；
（四）审理案件适用审判程序错误的；	（四）审理案件适用审判程序错误的；
（五）保全和先予执行违反法律规定的；	（五）保全和先予执行违反法律规定的；
（六）支付令违反法律规定的；	（六）支付令违反法律规定的；
（七）诉讼中止或者诉讼终结违反法律规定的；	（七）诉讼中止或者诉讼终结违反法律规定的；
（八）违反法定审理期限的；	（八）违反法定审理期限的；
（九）对当事人采取罚款、拘留等妨害民事诉讼的强制措施违反法律规定的；	（九）对当事人采取罚款、拘留等妨害民事诉讼的强制措施违反法律规定的；
（十）违反法律规定送达的；	（十）违反法律规定送达的；
~~（十一）审判人员接受当事人及其委托代理人请客送礼或者违反规定会见当事人及其委托代理人的；~~	（十一）其他违反法律规定的情形。

《人民检察院民事诉讼 监督规则（试行）》	《人民检察院民事诉讼 监督规则》
~~（十二）审判人员实施或者指使、支持、授意他人实施妨害民事诉讼行为，尚未构成犯罪的；~~ （十三）其他违反法律规定的情形。	

【修改要点】原规则本条第11项、第12项规定的两类审判人员违法行为的具体情形，包含在本规则新增的第101条关于审判人员违法行为监督的指引性规定中，因此，删除原规则本条第11项、第12项。

需要注意的是，实践中，一些基层检察院在审判程序违法监督工作中存在监督层次和质量不高、监督类型单一（主要是监督超审限、违法送达）等问题，影响检察监督公信力。为推动民事审判深层次违法问题监督工作有效开展，上级检察院应当通过检察建议备案审查、考评考核等方式引导基层检察院把握好审判程序违法监督标准，即存在本条规定的情形，原审程序已经结束且未影响案件裁判结果的，人民检察院原则上不提出纠正个案违法的检察建议，但符合本规则有关社会治理检察建议规定条件的，可以向同级人民法院发出社会治理检察建议。

	第一百零一条 人民检察院发现同级人民法院民事审判程序中审判人员有《中华人民共和国法官法》第四十六条等规定的违法行为且可能影响案件公正审判、执行的，应当向同级人民法院提出检察建议。

【修改要点】民事诉讼法第208条第3款规定，人民检察院有权对人民法院民事审判程序中审判人员违法行为实行法律监督。全国人大常委会法工委编写的《中华人民共和国民事诉讼法释义》一书指出，该款的立法目的是检察建议比抗诉的适用范围更广，除了在审判监督程序中发挥作用外，检察建议还可

《人民检察院民事诉讼 监督规则（试行）》	《人民检察院民事诉讼 监督规则》

以用于帮助人民法院发现其他审判程序中审判人员的违法行为，及时纠正相应失误。民事诉讼法第208条第3款规定仅对监督对象作出原则性规定，但何为"审判人员违法行为"，在实践中并不好掌握。原规则第99条第11项、第12项规定了两种审判人员违法行为类型，即"审判人员接受当事人及其委托代理人请客送礼或者违反规定会见当事人及其委托代理人"和"审判人员实施或者指使、支持、授意他人实施妨害民事诉讼行为，尚未构成犯罪"。虽然这两种行为类型在实践中较为常见，但存在列举不全、指引性不强等问题。

2019年修改后法官法新增第46条，对法官违法行为类型作出新规定，即"法官有下列行为之一的，应当给予处分；构成犯罪的，依法追究刑事责任：（一）贪污受贿、徇私舞弊、枉法裁判的；（二）隐瞒、伪造、变造、故意损毁证据、案件材料的；（三）泄露国家秘密、审判工作秘密、商业秘密或者个人隐私的；（四）故意违反法律法规办理案件的；（五）因重大过失导致裁判结果错误并造成严重后果的；（六）拖延办案，贻误工作的；（七）利用职权为自己或者他人谋取私利的；（八）接受当事人及其代理人利益输送，或者违反有关规定会见当事人及其代理人的；（九）违反有关规定从事或者参与营利性活动，在企业或者其他营利性组织中兼任职务的；（十）有其他违纪违法行为的。法官的处分按照有关规定办理。"法官法第46条规定可以作为检察机关开展审判人员违法行为监督的依据。此外，最高人民法院制定的有关审判人员工作纪律等规定，也可以作为检察监督的依据。据此，本次修订增设本条，对审判人员违法行为的监督情形作出指引性规定。

需要注意的是：

1. 正确理解民事诉讼法第208条第3款与监察法第34条第1款之间的关系。随着国家监察体制改革的深入推进以及监察法的颁布，我国已构建起集中统一、权威高效的国家监察体系，实现了对所有行使公权力的公职人员监察全覆盖。监察法第34条第1款规定："人民法院、人民检察院、公安机关、审计机关等国家机关在工作中发现公职人员涉嫌贪污贿赂、失职渎职等职务违法或者职务犯罪的问题线索，应当移送监察机关，由监察机关依法调查处置。"监察法此款规定的目的在于明确职务违法犯罪案件的管辖权，有利于监察机关和其他机关各司其职、各尽其责，避免争执或者推诿。据此，人们普遍认为检察监督与监察监督之间有相对明晰的边界，检察机关除了行使对司法工作人员渎职犯罪侦查权以外主要是对各类诉讼活动的监督，而监察机关则是对所有公职人员职务行为廉洁性等问题进行监督；检察机关与监察机关按照法律规定的职责分工各司其职。民事诉讼法第208条第3款规定针对的是审判人员违法行为，显然审判人员属于公职人员，审判人员履行审判职责过程中的违法行为也属于职务违法行为，根据监察法第34条第1款规定，检察机关发现审判人员涉嫌违法问题线索，都应当移送监察机关处理，那么民事诉讼法第208条第3款规定是否与监察法第34条第1款规定相抵触而没有了适用空间呢？对这一问题的疑惑也造成了一些检察人员对检察建议和移送问题线索两种监督方式如何适用产生困扰。经研究认为，民事诉讼法第208条第3款规定与监察法第34条第1款有交叉关系，审判人员违法行为也属于公职人员职务违法范畴，但这并不意味着两者存在法律上的冲突。监察法第34条第1款规范的是公职人员违法问题线索统一归口处理活动，其立法目的在于保证监察机关统一高效处理公职人员职务违法行为。民事诉讼法第208条第3款规范的是检察机关开展审判人员违法行为监督活动，其立法目的在于帮助人民法院发挥内部监督机制作用，追究相关审判人员相应责任，及时纠正相应失误。因此，检察机关依照民事诉讼法第208条第3款规定履行审判人员违法行为监督职责，其目的也是追责，这与监察法第34条第1款规定的立法精神并不冲突。

2. 实践中，检察机关在适用民事诉讼法第208条第3款及监察法第34条第1款上可以作以下区分：一是与监察机关对公职人员职务违法的监察不同，检察机关对审判人员违法行为监督的依据是民事诉讼法，因此检察监督的重点是审判人员违法履行审判职责行为或者与履行审判职责职务有关的其他违法行为。因此，如果审判人员的违法行为与履行审判职责无必然关系，如吸食毒品、酒驾醉驾等行为，检察机关不宜采取监督措施，但可以将问题线索移送监察机关、公安机关等处理。二是审判人员职务违法与民事审判程序中审判人员违法

81

《人民检察院民事诉讼 监督规则（试行）》	《人民检察院民事诉讼 监督规则》

行为之间是包含与被包含关系，检察机关通过调查核实能够证实审判人员存在违法履行审判职责或者与履行审判职责有关的其他违法行为的，应当依照民事诉讼法第 208 条第 3 款规定提出检察建议。审判人员涉嫌违法问题线索具有可查性，但检察机关因民事调查核实手段有限、刚性不足，难以查清相关事实的，也可以向监察机关移送民事审判程序中审判人员违法问题线索。三是实践中有的法院收到审判人员违法行为监督检察建议后，存在未追究审判人员相应责任或者处理结果畸轻等情形，此时检察机关应当跟进监督或者向同级监察机关移送案件线索。

3. 与审判程序违法监督不同，审判人员违法行为监督除了要求存在客观程序违法外，还要求审判人员存在主观上的过错，即存在主观上的可责难性。审判人员违法行为监督的内容主要是建议人民法院追究审判人员相关责任，追责的目的不仅在于惩戒，还要注重产生预防效果，也就是说对行为人具有预防作用，使其不敢再次违法；对其他人具有震慑作用，使其不敢从事类似违法行为。如法律对于某一诉讼程序规定较为原则，审判人员由于对该规定的理解水平不高，存在机械适用法律问题，导致审判程序违法的情形，就不宜向人民法院提出追究该审判人员相关责任的建议，但可以建议人民法院纠正审判程序违法情形。

4. 要注意区分审判人员违法行为情节轻重的不同处理方式。当审判人员违法行为情节严重，已构成犯罪的，就不属于民事诉讼法规制范围了，检察机关不适宜向人民法院发出检察建议，应当将相关犯罪线索移送有关机关处理。

第一百条 人民检察院依照本规则第九十九条提出检察建议的，应当制作《检察建议书》，在决定提出检察建议之日起十五日内将《检察建议书》连同案件卷宗移送同级人民法院，并制作决定提出检察建议的《通知书》，发送申请人。	**第一百零二条** 人民检察院依照本章规定提出检察建议的，应当制作《检察建议书》，在决定提出检察建议之日起十五日内将《检察建议书》连同案件卷宗移送同级人民法院，并制作决定提出检察建议的《通知书》，发送申请人。

《人民检察院民事诉讼 监督规则（试行）》	《人民检察院民事诉讼 监督规则》

【修改要点】本次修订在本章具体条文中已经对审判程序违法监督和审判人员违法行为监督作出区分性规定，因此，有必要对本条的相关表述作出修改。

需要注意的是，关于审判人员违法行为监督检察建议法院回复时间的确定问题。最高人民法院、最高人民检察院《关于对民事审判活动与行政诉讼实行法律监督的若干意见（试行）》规定1个月的回复期限，《人民检察院检察建议工作规定》规定两个月的回复期限，那么应当适用哪一规定呢？经研究认为，法院对审判人员违法检察建议回复期限应为1个月。主要理由是：最高人民法院、最高人民检察院《关于对民事审判活动与行政诉讼实行法律监督的若干意见（试行）》系"两高"会签文件对法院有直接约束力，且《人民检察院检察建议工作规定》第19条规定"人民检察院提出检察建议，除另有规定外，应当要求被建议单位自收到检察建议书之日起两个月以内作出相应处理，并书面回复人民检察院"，"两高"会签文件属于"另有规定"的情形，因此，应当适用"两高"会签文件规定。

第一百零一条 人民检察院认为当事人申请监督的审判程序中审判人员违法行为不存在或者不构成的，应当作出不支持监督申请的决定，并在决定之日起十五日内制作《不支持监督申请决定书》，发送申请人。	第一百零三条 人民检察院认为当事人申请监督的审判程序中审判人员违法行为认定依据不足的，应当作出不支持监督申请的决定，并在决定之日起十五日内制作《不支持监督申请决定书》，发送申请人。

【修改要点】检察机关在民事诉讼领域的调查核实手段有限，缺乏刚性措施，有时仅靠自身未必都能查清审判人员违法行为事实，因使用"不存在或者不构成"表述不太妥当，本次修订改用"依据不足"表述。

《人民检察院民事诉讼监督规则（试行）》	《人民检察院民事诉讼监督规则》
第八章　对执行活动的监督	**第七章　对执行活动的监督**
第一百零二条　人民检察院对人民法院在民事执行活动中违反法律规定的情形实行法律监督。	**第一百零四条**　人民检察院对人民法院执行生效民事判决、裁定、调解书、支付令、仲裁裁决以及公证债权文书等法律文书的活动实行法律监督。

【修改要点】2012年修改后民事诉讼法第235条对执行检察监督对象范围作了原则性规定。2016年最高人民法院、最高人民检察院《关于民事执行活动法律监督若干问题的规定》第3条对此进一步细化，明确了监督对象范围。本次修订吸收上述最高人民法院、最高人民检察院《关于民事执行活动法律监督若干问题的规定》规定，对本条表述作出相应修改。

需要注意的是：

1. 执行程序中当事人的行为以及其他有关单位和个人妨害执行活动的行为，在性质上不属于人民法院行使执行权的范畴，因此，人民检察院不宜对上述人员和行为直接进行监督。人民检察院发现执行案件当事人或者其他有关单位和个人在执行程序中存在违法行为，而人民法院怠于对其依法处理的，人民检察院应当督促人民法院依照民事诉讼法的相关规定对该违法行为予以制裁。

2. 上级法院对下级法院执行争议作出的协调意见是否属于检察监督范围？有意见认为，上述协调意见不是典型的法院执行法律文书，不属于检察监督范围，不应受理当事人对协调意见的监督申请。经研究认为，根据最高人民法院《关于人民法院执行工作若干问题的规定（试行）》第70条"上级法院协调下级法院之间的执行争议所作出的处理决定，有关法院必须执行"规定，上级法院协调意见其实质是决定，对案件具有法律效力，且协调意见具有独立的执行案号，根据一案一号的原则，属于上级法院执行案件，根据本条规定，理应属于检察监督对象范围，可以受理当事人对协调意见的监督申请。

《人民检察院民事诉讼 监督规则（试行）》	《人民检察院民事诉讼 监督规则》
3. 2020 年 7 月 10 日，最高人民法院、最高人民检察院《关于建立全国执行与法律监督工作平台进一步完善协作配合工作机制的意见》对执行检察监督和法院办理检察建议案件作出了一些新规定，如法院对检察监督意见的受理和审查程序、法院对检察监督意见的处理情况、法院的回复形式和内容等，实践中应当注意予以适用。	
	第一百零五条　人民检察院认为人民法院在执行活动中可能存在怠于履行职责情形的，可以依照有关规定向人民法院发出《说明案件执行情况通知书》，要求说明案件的执行情况及理由。
【修改要点】2016 年最高人民法院、最高人民检察院《关于民事执行活动法律监督若干问题的规定》第 10 条规定了向法院书面了解相关执行情况的新制度，具有重要的实践意义，本次修订将该项制度纳入民事诉讼监督规则。	
	第一百零六条　人民检察院发现人民法院在执行活动中有下列情形之一的，应当向同级人民法院提出检察建议： （一）决定是否受理、执行管辖权的移转以及审查和处理执行异议、复议、申诉等执行审查活动存在违法、错误情形的； （二）实施财产调查、控制、处分、交付和分配以及罚款、拘留、信用惩戒措施等执行实施活动存在违法、错误情形的；

《人民检察院民事诉讼 监督规则（试行）》	《人民检察院民事诉讼 监督规则》
	（三）存在消极执行、拖延执行 等情形的； （四）其他执行违法、错误情形。

【修改要点】2012年修改后民事诉讼法仅有一个条文（第235条）对民事执行检察监督制度作出原则性规定。地方检察院呼吁民事诉讼监督规则能对实践中常见的执行违法情形作出指引性规定，有利于各地准确适用执行检察监督规定。考虑法院民事执行活动涉及的规范性文件庞杂，要逐项梳理执行违法情形难度较大，而且也容易过时，因此本次修订并未采用2016年《人民检察院行政诉讼监督规则（试行）》第29条至第31条中的列举方式来拟定条文，而是采用概括式规定。从最高人民法院《关于进一步加强和规范执行工作的若干意见》《关于执行权合理配置和科学运行的若干意见》《关于深化执行改革健全解决执行难长效机制的意见——人民法院执行工作纲要（2019—2023）》等有关规定看，最高人民法院将执行权分为执行审查权和执行实施权两大类。因此，根据司法实践中将执行权分为执行审查权和执行实施权的通行做法，法院在行使上述两项权力中所存在的违法或者错误情形就是检察机关的监督对象。同时，根据检察实践，有的法院在民事执行等工作中也存在消极执行、拖延执行等怠于履职的情形，这也是检察监督的对象。因此，本次修订新增本条规定，将上述三大类常见的执行违法情形作为民事执行检察监督的重点。此外，考虑到条文本身的周延性，还在本条中增加兜底条款。

需要说明的是，本条使用"违法、错误情形"表述，来源于最高人民法院《关于执行权合理配置和科学运行的若干意见》第30点规定，即"对下级人民法院违法、错误的执行裁定、执行行为，上级人民法院有权指令下级人民法院自行纠正或者通过裁定、决定予以纠正"。该表述有特定含义。由于民事诉讼法对执行活动的规定较为原则，最高人民法院制定了一系列配套司法解释及其他规范性文件。当人民法院执行活动违反法律或者司法解释规定时，属于"违法情形"；当人民法院执行活动违反其他规范性文件时，因规范性文件更多地体现司法政策导向，其效力低于法律和司法解释，则不宜称之为"违法情形"，称之为"错误情形"更为妥当。

《人民检察院民事诉讼监督规则（试行）》	《人民检察院民事诉讼监督规则》
	第一百零七条 人民检察院依照本规则第三十条第二款规定受理后交办的案件，下级人民检察院经审查认为人民法院作出的执行复议裁定、决定等存在违法、错误情形的，应当提请上级人民检察院监督；认为人民法院作出的执行复议裁定、决定等正确的，应当作出不支持监督申请的决定。

【修改要点】民事执行案件比较复杂，实践中经常出现当事人不服执行法院相关裁定而向上级法院申请复议，上级法院作出复议裁定等情形。本次修订虽然规定了上级检察院可以向下级检察院交办此类案件，但是检察机关向同级法院提出纠正违法执行时，同级法院可能会以不能推翻上级法院复议裁定为由拒绝接受同级检察院的监督，这就给同级检察院执行检察工作带来困扰。为解决实践中这一突出问题，本次修订规定下级检察院对上级法院复议裁定存在违法等情形的，可以提请上级检察院监督。另外，为了提高案件审查效率，下级检察院在接受上级检察院交办案件后，认为法院执行复议裁定正确的，可依法作出不支持监督申请决定。

需要注意的是：

1. 对于执行监督交办案件，下级检察院审查后，认为上级法院作出的执行复议裁定、决定等存在违法、错误情形的，是全案提请监督，还是将部分案件提请监督？经研究认为，下级检察院应根据个案的具体案情，在与上级检察院充分沟通之后，采取全案提请监督或者部分案件提请监督。

2. 本条规定的下级检察院提请的对象是"上级检察院"，而非"上一级检察院"，这是因为，实践中有可能出现当事人不服基层人民法院的执行异议裁定和中级人民法院的复议裁定，而向高级人民法院或者最高人民法院申诉，高级人民法院或者最高人民法院作出相关裁定和决定后，当事人向人民检察院申

《人民检察院民事诉讼 监督规则（试行）》	《人民检察院民事诉讼 监督规则》
请监督。在这种情形下，按照本规则第30条第2款规定，省级人民检察院或者最高人民检察院受理当事人的监督申请后，可以交由原审理、执行案件的基层人民法院所在地的基层人民检察院办理，基层人民检察院审查后认为人民法院的执行复议裁定、决定等存在违法、错误情形的，应当向省级人民检察院或者最高人民检察院提请监督。当然，为了保证提请监督案件的质量，基层人民检察院在向省级人民检察院或者最高人民检察院提请监督之前，应当先报请其上一级人民检察院审核把关。	
第一百零三条　人民检察院对民事执行活动提出检察建议的，应当经检察委员会决定，制作《检察建议书》，在决定之日起十五日内将《检察建议书》连同案件卷宗移送同级人民法院，并制作决定提出检察建议的《通知书》，发送当事人。	第一百零八条　人民检察院对执行活动提出检察建议的，应当经检察长或者检察委员会决定，制作《检察建议书》，在决定之日起十五日内将《检察建议书》连同案件卷宗移送同级人民法院，并制作决定提出检察建议的《通知书》，发送当事人。

【修改要点】2016年最高人民法院、最高人民检察院《关于民事执行活动法律监督若干问题的规定》第11条对民事执行检察建议的决定主体作出修改，本次修订予以吸收，将提出执行监督检察建议的决定主体变更为检察长或者检察委员会。

关于执行活动监督检察建议法院回复时间的确定问题。2011年最高人民法院、最高人民检察院《关于对民事审判活动与行政诉讼实行法律监督的若干意见（试行）》规定1个月回复期限，2016年最高人民法院、最高人民检察院《关于民事执行活动法律监督若干问题的规定》规定3个月回复期限，2019年《人民检察院检察建议工作规定》规定2个月回复期限，应当适用哪一规定？经研究认为，法院对执行检察建议回复时间应该明确为3个月。理由：一是"两高"会签文件对法院有直接约束力，且《人民检察院检察建议工作规定》第19条规定"人民检察院提出检察建议，除另有规定外，应当要求被建议单

《人民检察院民事诉讼 监督规则（试行）》	《人民检察院民事诉讼 监督规则》
位自收到检察建议书之日起两个月以内作出相应处理，并书面回复人民检察院"，"两高"会签文件属于"另有规定"的情形，因此，应当适用"两高"会签文件规定。二是与2011年最高人民法院、最高人民检察院《关于对民事审判活动与行政诉讼实行法律监督的若干意见（试行）》相比，2016年最高人民法院、最高人民检察院《关于民事执行活动法律监督若干问题的规定》制定在后，根据新法优于旧法原则，应适用2016年最高人民法院、最高人民检察院《关于民事执行活动法律监督若干问题的规定》。	
第一百零四条 人民检察院认为当事人申请监督的人民法院执行活动不存在违法情形的，应当作出不支持监督申请的决定，并在决定之日起十五日内制作《不支持监督申请决定书》，发送申请人。	**第一百零九条** 人民检察院认为当事人申请监督的人民法院执行活动不存在违法情形的，应当作出不支持监督申请的决定，并在决定之日起十五日内制作《不支持监督申请决定书》，发送申请人。
	第一百一十条 人民检察院发现同级人民法院执行活动中执行人员存在违法行为的，参照本规则第六章有关规定执行。

【修改要点】民事诉讼法第208条第3款规定了检察机关有权对法院民事审判程序中的审判人员违法行为进行监督，但未规定检察机关发现执行人员存在违法行为时如何处理。基于法律监督机关的职责定位，与审判人员违法行为检察监督的原理相同，检察机关发现执行人员存在违法行为时理应向法院发出检察建议，帮助法院及时纠正相应失误。因此，本次修订新增本条。

需要注意的是，2019年最高人民法院《关于对执行工作实行"一案双查"的规定》规定了依据执行工作"一案双查"制度，即上级法院执行机构和监察机构协作配合，统筹督查下级法院执行案件办理、执行工作管理和干警违规违

《人民检察院民事诉讼监督规则（试行）》	《人民检察院民事诉讼监督规则》

法违纪问题，依照法律、司法解释及有关规定作出处理。"一案双查"的线索来源包括检察机关提出的检察建议。上述规定可以作为检察院对执行人员违法行为提出检察建议的依据。

第九章　案件管理	第八章　案件管理

【修改要点】关于"案件管理"一章的修改。本次修订借鉴2019年《人民检察院刑事诉讼规则》相关规定，对本章的相关内容进行修改。从本章有关修改条款看，基本上都是文字上的修改，但有以下两条变化较大：一是删除原规则第106条"民事检察部门在办理案件过程中有下列情形之一的，应当在作出决定之日起三日内到本院案件管理部门登记：（一）决定中止和恢复审查的；（二）决定终结审查的"的规定。理由是：负责案件管理的部门对民事检察案件的管理已实行网上动态监管，没有必要规定人工登记。因此，删除本条。二是将原规则第109条改为"人民检察院办理的民事诉讼监督案件，办结后需要向其他单位移送案卷材料的，统一由负责案件管理的部门审核移送材料是否规范、齐备。负责案件管理的部门认为材料规范、齐备，符合移送条件的，应当立即由办案部门按照规定移送；认为材料不符合要求的，应当及时通知办案部门补送、更正"。原规则规定民事诉讼监督案件办结后需要向外单位移送案卷材料的，统一由负责案件管理的部门审核移送材料是否规范、齐备；符合移送条件的，由有关部门（实践中一般是指负责案件管理的部门或者司法警察）负责向外单位移送。本次修订则规定审核移送材料是否规范、齐备仍由负责案件管理的部门负责，但符合移送条件的，则由办案部门（即指负责民事检察的部门）负责向外单位移送。

第一百零五条　人民检察院案件管理部门对民事诉讼监督案件实行流程监控、案后评查、统计分析、信息查询、综合考评等，对办案期限、办案程序、办案质量等进行管理、监督、预警。	第一百一十一条　人民检察院负责案件管理的部门对民事诉讼监督案件的受理、期限、程序、质量等进行管理、监督、预警。

《人民检察院民事诉讼监督规则（试行）》	《人民检察院民事诉讼监督规则》
~~第一百零六条　民事检察部门在办理案件过程中有下列情形之一的，应当在作出决定之日起三日内到本院案件管理部门登记。~~ ~~（一）决定中止和恢复审查的；~~ ~~（二）决定终结审查的。~~	
第一百零七条　案件管理部门发现本院办案部门或者办案人员~~在办理民事诉讼监督案件中~~有下列情形之一的，应当及时提出纠正意见： （一）法律文书使用不当或存在明显错漏的； （二）无正当理由超过法定的办案期限未办结案件的； （三）侵害当事人、诉讼代理人诉讼权利的； （四）未依法对民事审判活动以及执行活动中的违法行为履行法律监督职责的； （五）其他违反规定办理案件的情形。 ~~具有前款规定的情形但情节轻微的，可以向办案部门或者办案人员进行口头提示；情节较重的，应当向办案部门发送《案件流程监控通知书》，~~提示办案部门及时查明情况并予以纠正；情节严重的，应当向办案部门发送《案件流程监控通知书》，并向检察长报告。	第一百一十二条　负责案件管理的部门发现本院办案活动有下列情形之一的，应当及时提出纠正意见： （一）法律文书制作、使用不符合法律和有关规定的； （二）违反办案期限有关规定的； （三）侵害当事人、诉讼代理人诉讼权利的； （四）未依法对民事审判活动以及执行活动中的违法行为履行法律监督职责的； （五）其他应当提出纠正意见的情形。 情节轻微的，可以口头提示；情节较重的，应当发送《案件流程监控通知书》，提示办案部门及时查明情况并予以纠正；情节严重的，应当同时向检察长报告。 办案部门收到《案件流程监控通知书》后，应当在十日内将核查情况书面回复负责案件管理的部门。

《人民检察院民事诉讼 监督规则（试行）》	《人民检察院民事诉讼 监督规则》
办案部门收到《案件流程监控通知书》后，应当在五日内将核查情况书面回复案件管理部门。	
第一百零八条　案件管理部门对以本院名义制发的民事诉讼监督法律文书实施监督管理。	第一百一十三条　负责案件管理的部门对以本院名义制发民事诉讼监督法律文书实施监督管理。
第一百零九条　人民检察院办理的民事诉讼监督案件，办结后需要向其他单位移送案卷材料的，统一由案件管理部门审核移送材料是否规范、齐备。案件管理部门认为材料规范、齐备，符合移送条件的，应当立即由有关部门按照相关规定移送；认为材料不符合要求的，应当及时通知办案部门补送、更正。	第一百一十四条　人民检察院办理的民事诉讼监督案件，办结后需要向其他单位移送案卷材料的，统一由负责案件管理的部门审核移送材料是否规范、齐备。负责案件管理的部门认为材料规范、齐备，符合移送条件的，应当立即由办案部门按照规定移送；认为材料不符合要求的，应当及时通知办案部门补送、更正。
第一百一十条　人民法院向人民检察院送达的民事判决书、裁定书或者调解书等法律文书，由案件管理部门负责接收，并即时登记移送民事检察部门。	第一百一十五条　人民法院向人民检察院送达的民事判决书、裁定书或者调解书等法律文书，由负责案件管理的部门负责接收，并即时登记移送负责民事检察的部门。
第一百一十一条　人民检察院在办理民事诉讼监督案件过程中，当事人及其诉讼代理人提出有关申请、要求或者提交有关书面材料的，由案件管理部门负责接收，需要出具相关手续的，案件管理部门应当出具。案件管理部门接收材料后应当及时移送民事检察部门。	第一百一十六条　人民检察院在办理民事诉讼监督案件过程中，当事人及其诉讼代理人提出有关申请、要求或者提交有关书面材料的，由负责案件管理的部门负责接收，需要出具相关手续的，负责案件管理的部门应当出具。负责案件管理的部门接收材料后应当及时移送负责民事检察的部门。

《人民检察院民事诉讼 监督规则（试行）》	《人民检察院民事诉讼 监督规则》
第十章　其他规定	第九章　其他规定
第一百一十二条　有下列情形之一的，~~人民检察院~~可以提出~~改进工作的~~检察建议： 　　（一）~~人民法院对民事诉讼中~~同类问题适用法律不一致的； 　　（二）~~人民法院在多起案件中~~适用法律存在同类错误的； 　　（三）~~人民法院在多起案件中~~有相同违法行为~~的~~； 　　~~（四）~~有关单位的工作制度、管理方法、工作程序违法或者不当，需要改正、改进的。	第一百一十七条　**人民检察院发现人民法院在多起同一类型民事案件中**有下列情形之一的，可以提出检察建议： 　　（一）同类问题适用法律不一致的； 　　（二）适用法律存在同类错误的； 　　（三）**其他同类**违法行为。 　　**人民检察院发现**有关单位的工作制度、管理方法、工作程序违法或者不当，需要改正、改进的**，可以提出检察建议**。

　　【修改要点】原规则第112条第1项至第3项规定的是类案监督检察建议，第4项规定的是社会治理检察建议。两者的性质不同，本次修订将两者分为两款进行规定。另外，原规则第112条第1项至第3项存在指向不明问题，本次修订从"同案不同判""同案存在同类法律适用错误"等方面及相应的兜底条款进行完善。本次修订借鉴2012年最高人民法院《关于在审判执行工作中切实规范自由裁量权行使保障法律统一适用的指导意见》第15条使用"同一类型案件"表述，对本条作出相应修改。另外，《人民检察院检察建议工作规定》第5条规定了5种检察建议类型，这里并不包含"改进工作检察建议"，因此本次修订删除本条中的有关"改进工作检察建议"表述。

　　需要注意的是：

　　1. 本条第1款对应的是《人民检察院检察建议工作规定》第5条第5项"其他检察建议"；本条第2款对应的是《人民检察院检察建议工作规定》第5条第4项"社会治理检察建议"。

《人民检察院民事诉讼监督规则（试行）》	《人民检察院民事诉讼监督规则》
2. 根据《人民检察院检察建议工作规定》，社会治理检察建议报送检察长前，应当送本院负责法律政策研究的部门进行审核，检察建议正式发出前，也可以征求被建议单位的意见。	
	第一百一十八条 申请人向人民检察院提交的新证据是伪造的，或者对案件重要事实作虚假陈述的，人民检察院应当予以批评教育，并可以终结审查，但确有必要进行监督的除外；涉嫌违纪违法犯罪的，依照规定移送有关机关处理。 其他当事人有前款规定情形的，人民检察院应当予以批评教育；涉嫌违纪违法犯罪的，依照规定移送有关机关处理。
【修改要点】当事人在向检察机关申请监督阶段提供伪造证据或者作虚假陈述的情形时有发生，对此类情形如何处理，以往法律及司法解释未作规定。为依法惩治当事人不诚信的诉讼行为，本次对此作出明确规定。	
	第一百一十九条 人民检察院发现人民法院审查和处理当事人申请执行、撤销仲裁裁决或者申请执行公证债权文书存在违法、错误情形的，参照本规则第六章、第七章有关规定执行。
【修改要点】2019年中央全面依法治国委员会《关于加强综合治理从源头切实解决执行难问题的意见》明确要求："检察机关要加强对民事、行政执行包括非诉执行活动的法律监督，推动依法执行、规范执行。"本次修订增设本条，明确民事非诉执行监督的适用依据。	

《人民检察院民事诉讼 监督规则（试行）》	《人民检察院民事诉讼 监督规则》

需要注意的是：

1. 本条列举情形中的人民法院审查处理当事人申请执行仲裁裁决、申请执行公证债权文书属于执行程序，应当参照本规则第七章有关执行活动监督的规定执行；列举情形中的人民法院审查处理当事人申请撤销仲裁裁决属于审判程序，应当参照本规则第六章有关审判程序中审判人员违法行为监督的规定执行。

2. 关于人民检察院发现人民法院审查和处理案外人提出的不予执行仲裁裁决，仲裁调解书申请存在违法、错误情形的，能否适用本条规定的问题。最高人民法院《关于人民法院办理仲裁裁决执行案件若干问题的规定》第22条第3款规定："人民法院基于案外人申请裁定不予执行仲裁裁决或者仲裁调解书，当事人不服的，可以自裁定送达之日起十日内向上一级人民法院申请复议；人民法院裁定驳回或者不予受理案外人提出的不予执行仲裁裁决、仲裁调解书申请，案外人不服的，可以自裁定送达之日起十日内向上一级人民法院申请复议。"经研究认为，这种情形可以参照本条规定执行。

3. 检察机关通过履行民事非诉执行监督职责，间接实现对虚假仲裁、公证债权文书的监督。本规则规定，检察机关发现法院审查和处理申请执行、撤销仲裁裁决，或者申请执行公证债权文书存在违法、错误情形的，应当进行监督。据此，检察机关在履行民事非诉执行监督职责中发现法院准予执行的仲裁裁决、公证债权文书系当事人基于捏造的事实向仲裁或者公证机构提出申请获得的，通过向法院提出检察建议，并将相关线索移送仲裁或者公证机构处理，从而间接实现对虚假仲裁、公证债权文书的监督，推动虚假仲裁、公证等突出问题的治理。

第一百一十三条 民事检察部门在履行职责过程中，发现涉嫌犯罪的行为，应当及时将犯罪线索及相关材料移送本院相关职能部门。	第一百二十条 负责民事检察的部门在履行职责过程中，发现涉嫌违纪违法犯罪以及需要追究司法责任的行为，应当报检察长决定，及时将相关线索及材料移送有管辖权的机关或者部门。

《人民检察院民事诉讼监督规则（试行）》	《人民检察院民事诉讼监督规则》
人民检察院相关职能部门在办案工作中，发现人民法院审判人员、执行人员有贪污受贿、徇私舞弊、枉法裁判等违法行为，可能导致原判决、裁定错误的，应当及时向民事检察部门通报。	人民检察院其他职能部门在履行职责中发现符合本规则规定的应当依职权启动监督程序的民事诉讼监督案件线索，应当及时向负责民事检察的部门通报。

【修改要点】国家监察体制改革后，监察法第 34 条、刑事诉讼法第 19 条等规定对公职人员涉嫌职务违法及犯罪的管辖作出了调整，例如，监察法第 34 条第 1 款规定："人民法院、人民检察院、公安机关、审计机关等国家机关在工作中发现公职人员涉嫌贪污贿赂、失职渎职等职务违法或者职务犯罪的问题线索，应当移送监察机关，由监察机关依法调查处置。"因此，本次修订对本条第 1 款作出相应修改。修订中，有意见认为，在办理民事诉讼监督案件中既可能发现涉嫌违法犯罪行为的线索，也可能发现应当追究司法责任及涉嫌违纪的线索，发现后要及时移送有管辖权的单位或者部门。本次修订采纳该意见，对本条第 1 款作出相应修改。另外，为提升线索移送工作的规范化水平，本次修订增加报经检察长批准的规定。

原规则第 113 条第 2 款主要规定，原反贪、反渎职部门在办理法官职务犯罪案件中发现所涉民事案件存在错误的，向负责民事检察的部门通报。但当前实践中检察机关其他职能部门向负责民事检察的部门通报民事诉讼监督线索的范围已不仅仅限于法官职务犯罪案件。检察机关负责捕诉等部门在办理涉黑涉恶刑事案件、"套路贷"刑事案件等中也可能发现民事虚假诉讼等案件线索，对于此类案件，检察机关的其他职能部门也应当向负责民事检察的部门通报。同时，民事纠纷的本质是私权之争，检察机关在办案中应当遵循民事诉讼规律、尊重当事人自由处分原则。因此，检察机关其他职能部门需要通报的民事诉讼监督案件线索要符合本规则规定的依职权启动监督程序案件线索。本次修订据此对本条第 2 款作出相应修改。

《人民检察院民事诉讼监督规则（试行）》	《人民检察院民事诉讼监督规则》

需要注意的是：

1. 根据有关规定，需要对外向纪检监察机关移送党员干部违纪违法犯罪问题线索的，应当统一报送给本院的检务督察部门（未设立该部门的，则移送给办公室），由检务督察部门（或者办公室）统一向纪检监察机关移送。但是，负责控告申诉检察的部门可以将有关问题线索的材料对外移送纪检监察机关信访部门。

2. 人民检察院负责民事检察的部门发现司法人员涉嫌利用职权实施侵犯公民权利、损害司法公正犯罪线索的，应当将案件线索及相关材料移送本院或者上级检察院负责侦查的部门处理。

第一百一十四条 人民检察院~~向人民法院或者有关机关提出监督意见后，~~发现**监督意见**确有错误或者有其他情形确需撤回的，应当经检察长~~批准~~或者检察委员会决定~~予以撤回~~。 ~~上级人民检察院发现下级人民检察院监督错误或者不当的，应当指令下级人民检察院撤回，下级人民检察院应当执行。~~	第一百二十一条 人民检察院发现**作出的相关决定**确有错误**需要纠正**或者有其他情形**需要**撤回的，应当经**本院**检察长或者检察委员会决定。

【修改要点】原规则第114条第1款规定的是检察机关发现向法院等提出的监督意见错误时的撤回制度。但对于检察机关在办案中的其他错误决定（如不支持监督申请决定、终结审查等）如何纠正没有规定。为维护司法公正和司法权威，完善检察机关自我纠错制度，本次修订将本款修改为检察机关发现所作出的决定错误是可以撤回的。

本规则总则一章第8条已对上级检察院对下级检察院行使职权的范围作出规定，原规则第114条第2款规定显然与本规则总则上述规定存在重复。本次修订将原规则第114条第2款前移，合并到总则第8条中。因此，删除原规则第114条第2款。

《人民检察院民事诉讼监督规则（试行）》	《人民检察院民事诉讼监督规则》
需要注意的是，对于检察机关决定撤回本院相关决定时是否需要重新设立一个案件进行办理的问题。经研究认为，撤回本院相关决定属于原先案件在程序上的延续，并不是一个新案件，不需要通过设立新案进行办理，只要在原案的基础上办理即可。	
第一百一十五条　人民法院对人民检察院监督行为提出建议的，人民检察院应当在一个月内将处理结果书面回复人民法院。人民法院对回复意见有异议，并通过上一级人民法院向上一级人民检察院提出的，上一级人民检察院认为人民法院建议正确，应当要求下级人民检察院及时纠正。	第一百二十二条　人民法院对人民检察院监督行为提出建议的，人民检察院应当在一个月内将处理结果书面回复人民法院。人民法院对回复意见有异议，并通过上一级人民法院向上一级人民检察院提出的，上一级人民检察院认为人民法院建议正确，应当要求下级人民检察院及时纠正。
第一百一十六条　人民法院对民事诉讼监督案件作出再审判决、裁定或者其他处理决定后，提出监督意见的人民检察院应当对处理结果进行审查，并填写《民事诉讼监督案件处理结果审查登记表》。	第一百二十三条　人民法院对民事诉讼监督案件作出再审判决、裁定或者其他处理决定后，提出监督意见的人民检察院应当对处理结果进行审查，并填写《民事诉讼监督案件处理结果审查登记表》。
第一百一十七条　有下列情形之一的，人民检察院应当按照有关规定跟进监督或者提请上级人民检察院监督： （一）人民法院审理民事抗诉案件作出的判决、裁定、调解书仍符合抗诉条件的；	第一百二十四条　有下列情形之一的，人民检察院可以按照有关规定再次监督或者提请上级人民检察院监督： （一）人民法院审理民事抗诉案件作出的判决、裁定、调解书仍有明显错误的；

《人民检察院民事诉讼监督规则（试行）》	《人民检察院民事诉讼监督规则》
（二）人民法院对人民检察院提出的检察建议未在规定的期限内作出处理并书面回复的； （三）人民法院对检察建议的处理结果错误的。	（二）人民法院对检察建议未在规定的期限内作出处理并书面回复的； （三）人民法院对检察建议的处理结果错误的。

【修改要点】检察机关是否需要进行跟进监督，需要考量多种因素，并坚持政治效果、法律效果和社会效果的有机统一，因此不宜作出硬性规定，本次修订将本条中的"应当"改为"可以"。

从文字的含义来看，原监督规则条文中的"跟进监督"包含"提请上级检察院监督"这一方式，因此将上述两者并列作出规定，在语义上不太通顺，本次修订将"跟进监督"改为"再次监督"。

为慎重行使再次抗诉权，对于抗诉后再审裁判只有符合抗诉条件且存在明显错误的，检察机关才会跟进监督。因此，本次修订提高了本条第1项的适用条件，并与本规则第91条有关再次抗诉的规定衔接一致。

需要注意的是：

1.本条所称的"有关规定"主要包括：最高人民法院、最高人民检察院《关于对民事审判活动与行政诉讼实行法律监督的若干意见（试行）》第7条第2款、第10条第2款，最高人民法院、最高人民检察院《关于民事执行活动法律监督若干问题的规定》第14条及本规则第91条。

2.本条所称的检察建议是指再审检察建议、审判程序中审判人员违法行为监督检察建议和执行监督检察建议。社会治理检察建议和其他检察建议的办理，应当适用《人民检察院检察建议工作规定》的有关规定。

第一百一十八条 地方各级人民检察院对适用法律确属疑难、复杂，本院难以决断的重大民事诉讼监督案件，可以向上一级人民检察院请示。	第一百二十五条 地方各级人民检察院对适用法律确属疑难、复杂，本院难以决断的重大民事诉讼监督案件，可以向上一级人民检察院请示。

《人民检察院民事诉讼监督规则（试行）》	《人民检察院民事诉讼监督规则》
请示案件依照最高人民检察院关于办理下级人民检察院请示件、下级人民检察院向最高人民检察院报送公文的相关规定办理。	请示案件依照最高人民检察院关于办理下级人民检察院请示件、下级人民检察院向最高人民检察院报送公文的相关规定办理。
	第一百二十六条 当事人认为人民检察院对同级人民法院已经发生法律效力的民事判决、裁定、调解书作出的不支持监督申请决定存在明显错误的，可以在不支持监督申请决定作出之日起一年内向上一级人民检察院申请复查一次。负责控告申诉检察的部门经初核，发现可能有以下情形之一的，可以移送本院负责民事检察的部门审查处理： （一）有新的证据，足以推翻原判决、裁定的； （二）有证据证明原判决、裁定认定事实的主要证据是伪造的； （三）据以作出原判决、裁定的法律文书被撤销或者变更的； （四）有证据证明审判人员审理该案件时有贪污受贿，徇私舞弊，枉法裁判等行为的； （五）有证据证明检察人员办理该案件时有贪污受贿，徇私舞弊，滥用职权等行为的；

《人民检察院民事诉讼 监督规则（试行）》	《人民检察院民事诉讼 监督规则》
	（六）其他确有必要进行复查的。 **负责民事检察的部门审查后，认为下一级人民检察院不支持监督申请决定错误，应当以人民检察院的名义予以撤销并依法提出抗诉；认为不存在错误，应当决定复查维持，并制作《复查决定书》，发送申请人。** **上级人民检察院可以依职权复查下级人民检察院对同级人民法院已经发生法律效力的民事判决、裁定、调解书作出不支持监督申请决定的案件。** **对复查案件的审查期限，参照本规则第五十二条第一款规定执行。**

【修改要点】根据民事诉讼法第 208 条规定，作出生效裁判结果的法院的同级检察院既可以提出再审检察建议，也可以提请上级检察院抗诉。为了便利当事人申请监督，充分发挥再审检察建议实现同级监督的优势，缓解民事裁判结果监督工作中"倒三角"难题，提高监督效率和效果，原规则规定了"同级受理"原则。实践证明，原规则规定的"同级受理"原则基本符合检察监督工作实际。但"同级受理"原则客观上也导致法律规定的抗诉权在上级检察院，同级检察院的不支持监督申请决定是否有终局性的疑问，即在坚持"同级受理"原则的情况下，一律不允许当事人向上级检察院申请复查也有不合理之处。2014 年最高人民检察院民事行政检察厅与控告检察厅《办理民事行政检察案件第二次座谈会议纪要》第 7 条规定了当事人申请复查制度，作为"同级受理"原则的有益补充。本次修订吸收该会议纪要第 7 条中复查制度规定，并进一步扩大复查范围，规定上级检察院可以依职权复查下级检察院对同级法院生效的民事判决、裁定、调解书作出不支持监督申请决定的案件，并在当事人申请复查期限、检察机关办理复查案件期限等方面进行完善。

《人民检察院民事诉讼 监督规则（试行）》	《人民检察院民事诉讼 监督规则》

需要说明的是：

1. 本条在起草过程中曾形成两种方案：第一种方案是规定当事人可以申请复查的具体情形，并由负责控告申诉检察的部门对当事人复查申请是否符合规定进行初核把关。第二种方案是不规定当事人可以申请复查的具体情形，负责控告申诉检察的部门也不进行初核把关。经最高人民检察院检察委员会研究，决定采纳第一种方案。主要的考虑是：从以往办理复查案件情况看，复查纠正的比例不高，在5%以下。因此，申请复查案件经负责控告申诉检察的部门初核，就能排除一些明显不需要进行复查的案件，减少这部分案件移送负责民事检察的部门审查这一环节，有利于提高检察机关的办案效率，减少当事人诉累。

2. 对于民事裁判结果监督案件，如果下级检察院作出的终结审查决定确有错误，当事人是否可以申请复查？有一种意见认为，可以申请复查的应是对当事人权利有影响的、否定性的、终局性的决定，如不支持监督申请决定书。对于尚未形成终局性结论的决定，如中止审查决定书，因对当事人权利义务没有产生最终的根本性影响，不作为复查对象。从这个意义上讲，下级检察院针对民事裁判结果监督作出的终结审查结论如果确有错误，似乎应纳入当事人可以申请复查的案件范围。但另一种意见认为，复查制度是对"同级受理"所存在不足的一种弥补，主要解决下一级检察院对申请监督案件应当提请抗诉而未提请抗诉问题，基于司法政策的延续性，不宜对最高人民检察院民事行政检察厅与控告检察厅《办理民事行政检察案件第二次座谈会议纪要》第7条规定的申请复查范围予以扩大。考虑该问题存在一定争议，本次修订未将终结审查决定纳入申请复查范围。

3. 负责控告申诉检察的部门对申请复查案件负有初核职责，与负责民事检察的部门的实体审查不同。因此，负责控告申诉检察的部门的初核不能等同于负责民事检察部门的审查。负责控告申诉检察的部门经初核认为符合本条规定六种情形且案件有错误可能性的，即可移送负责民事检察的部门进行审查，也就是说，负责控告申诉检察的部门初核后移送案件的标准是案件有存在错误

《人民检察院民事诉讼 监督规则（试行）》	《人民检察院民事诉讼 监督规则》
可能性，而负责民事检察的部门审查后的抗诉标准是案件确有错误应予监督，前者是对内监督案件线索移送标准，后者是对外提出监督意见标准，两者在条件把关上有明显的不同。 　　4. 如果是当事人申请监督，只能向作出不支持监督申请（不提请抗诉）决定的检察院的上一级检察院申请复查，而不能越级申请复查。如果是上级检察院依职权进行复查，则不受层级的限制，即可以依职权复查下一级或者下两级、三级检察院的不支持监督申请（不提请抗诉）案件。 　　5. 如果上级检察院依职权进行复查后发现下级检察院的不支持监督申请（不提请抗诉）决定正确的，则应当作出终结审查决定；存在信访当事人的，则按照《人民检察院办理群众来信工作规定》有关规定进行答复。	
第一百一十九条　制作民事诉讼监督法律文书，应当符合规定的格式。 　　民事诉讼监督法律文书的格式另行制定。	第一百二十七条　制作民事诉讼监督法律文书，应当符合规定的格式。 　　民事诉讼监督法律文书的格式另行制定。
第一百二十条　人民检察院可以参照《中华人民共和国民事诉讼法》有关规定发送法律文书。	第一百二十八条　人民检察院可以参照《中华人民共和国民事诉讼法》有关规定发送法律文书。
第一百二十一条　人民检察院发现制作的法律文书存在笔误的，应当作出《补正决定书》予以补正。	第一百二十九条　人民检察院发现制作的法律文书存在笔误的，应当作出《补正决定书》予以补正。
第一百二十二条　人民检察院办理民事诉讼监督案件，应当按照规定建立民事诉讼监督案卷。	第一百三十条　人民检察院办理民事诉讼监督案件，应当按照规定建立民事诉讼监督案卷。

《人民检察院民事诉讼监督规则（试行）》	《人民检察院民事诉讼监督规则》
第一百二十三条 人民检察院办理民事诉讼监督案件，不收取案件受理费。申请复印、鉴定、审计、勘验等产生的费用由申请人直接支付给有关机构或者单位，人民检察院不得代收代付。	第一百三十一条 人民检察院办理民事诉讼监督案件，不收取案件受理费。申请复印、鉴定、审计、勘验等产生的费用由申请人直接支付给有关机构或者单位，人民检察院不得代收代付。
第十一章 附 则	第十章 附 则
	第一百三十二条 检察建议案件的办理，本规则未规定的，适用《人民检察院检察建议工作规定》。

【修改要点】修订中，有意见认为，《人民检察院检察建议工作规定》作为一部司法解释，专门对各类检察建议案件的办理程序作出了详细规定，如监督层级对应、备案审查、督促落实等方面均有规定，建议在民事诉讼监督规则中作出衔接性规定，有利于各地贯彻落实。本次修订采纳上述意见，增设本条，明确办理检察建议案件的适用依据。制定本条的主要考虑是：《人民检察院检察建议工作规定》第30条规定："法律、司法解释和其他有关规范性文件对再审检察建议、纠正违法检察建议和公益诉讼检察建议的办理有规定的，依照其规定办理；没有规定的，参照本规定办理。"可见，《人民检察院检察建议工作规定》适用的对象是检察机关各部门制发的所有检察建议，民事诉讼监督规则只适用于负责民事检察的部门办理的案件，二者是一般和特别的关系。因此，对于本规则没有规定的，应当适用《人民检察院检察建议工作规定》；对于本规则有规定的，应当适用监督规则。

	第一百三十三条 民事公益诉讼监督案件的办理，适用本规则及有关公益诉讼检察司法解释的规定。

《人民检察院民事诉讼 监督规则（试行）》	《人民检察院民事诉讼 监督规则》

【修改要点】关于民事诉讼监督规则中是否规定民事公益诉讼监督案件的办理程序，存在不同的意见：第一种意见认为，应由公益诉讼检察司法解释而非民事诉讼监督规则对此作出规定。理由是：按照"一类事项原则上由一个部门统筹""一件事情原则上由一个部门负责"的原则，由负责公益诉讼检察的部门办理民事公益诉讼监督案件有利于避免不同部门对于同一案件的重复审查，提高办案效率；有利于上级检察院公益诉讼检察部门严格把关办案质量，通过抗诉审查工作，反向审视原起诉工作质量，便于对下指导；有利于强化检察监督，有力维护国家利益和社会公共利益；有利于提升检察官专业能力和落实司法责任制。第二种意见认为，诉讼当事人与诉讼监督者的身份相分离是程序公正的基本要求，因此应由负责民事检察的部门对民事公益诉讼监督案件进行办理。同时，要在民事诉讼监督规则中对民事公益诉讼监督案件办理的相关规定予以明确，必要时在相关办案环节可适用有关公益诉讼检察司法解释。本次规则修订采纳第二种意见，新增本条规定，明确办理民事公益诉讼监督案件的适用依据。

需要说明的是，出席抗诉再审案件法庭是适用本条的难点，特别是原公益诉讼起诉人是否参加抗诉再审庭审问题需要进一步研究，具体而言：一是如果原公益诉讼起诉人参加，则检察机关适用民事诉讼监督规则中相关出庭规则，不承担举证质证、法庭辩论等职责；公益诉讼起诉人适用公益诉讼检察司法解释中相关出庭规则，承担举证质证、法庭辩论等职责。二是如果原公益诉讼起诉人不参加，检察机关就要同时适用民事诉讼监督规则和公益诉讼检察司法解释中的出庭规则，既要承担法律监督职责，又要承担举证质证、法庭辩论等职责。经初步研究认为，只有检察机关出庭，而原公益诉讼起诉人不出庭。

第十七条　军事检察院等专门人民检察院对民事诉讼监督案件的**管辖，依照**有关规定**执行**。	**第一百三十四条**　军事检察院等专门人民检察院对民事诉讼监督案件的**办理，以及人民检察院对其他专门人民法院的民事诉讼监督案件的办理**，**适用本规则和其他**有关规定。

《人民检察院民事诉讼监督规则（试行）》	《人民检察院民事诉讼监督规则》

【修改要点】 修订中，有意见认为，应将原规则第17条修改为"军事检察院等专门人民检察院办理民事诉讼监督案件，以及人民检察院对其他专门人民法院的民事诉讼监督案件，适用本规则和其他有关规定"，并将本条调整至附则部分。经研究认为，军事检察院等专门检察院办理民事诉讼监督案件不仅仅涉及管辖问题，也得适用本规则的其他有关规定。此外，《人民检察院刑事诉讼规则》同样将第681条关于"军事检察院等专门人民检察院办理刑事案件，适用本规则和其他有关规定"放在"第十七章附则"中。因此，上述意见具有合理性。

原规则第17条规定了专门检察院的管辖问题，这些专门检察院如军事检察院、铁路运输检察院都有对应的专门法院，但还有一些其他专门法院如知识产权法院、金融法院、互联网法院等，没有与之对应的检察院，对这些专门法院的监督管辖问题，还没有作出规定。2019年7月19日召开的政法领域全面深化改革推进会明确要求："健全对知识产权法院、金融法院、互联网法院等的法律监督机制。"由于专门法院民事诉讼监督案件的检察监督问题较为复杂，有的专门法院并没有直接对应的检察院，且专门法院的机构及审判职能设置仍处在改革中，在未经充分调研和论证的情况下，目前不宜在本规则中规定具体的监督程序。因此，本次修订仅规定衔接条款，留待将来另行规定。

本次修订基于上述两方面考虑，新增本条，明确专门检察院办理民事诉讼监督案件的适用依据。

第一百二十四条 本规则自发布之日起施行。本院之前公布的其他规定与本规则内容不一致的，以本规则为准。	第一百三十五条 本规则自2021年8月1日起施行，《人民检察院民事诉讼监督规则（试行）》同时废止。本院之前公布的其他规定与本规则内容不一致的，以本规则为准。

【修改要点】 本规则经最高人民检察院第十三届检察委员会第六十二次会议通过，自2021年8月1日起施行。因此，2021年8月1日起，本规则已经取代原规则，原规则应予同时废止。

《人民检察院民事诉讼 监督规则（试行）》	《人民检察院民事诉讼 监督规则》

需要注意的是，"本院之前公布的其他规定"主要指近年来，民事检察领域的司法体制和工作机制改革取得的重要成果，包括最高人民法院、最高人民检察院《关于对民事审判活动与行政诉讼实行法律监督的若干意见（试行）》《关于民事执行活动法律监督若干问题的规定》《关于建立全国执行与法律监督工作平台进一步完善协作配合工作机制的意见》，最高人民法院、最高人民检察院、公安部、司法部《关于进一步加强虚假诉讼犯罪惩治工作的意见》等最高人民检察院与相关中央政法单位会签文件。在执行本规则过程中，应注意与以上司改文件的衔接工作，注意把握几点：一是对于本规则已经吸收的内容，应当直接执行本规则的规定；二是司改文件与本规则规定不一致的，应当按照本规则的规定执行；三是虽然本规则未作规定，但司改文件规定与立法精神没有冲突的，仍可继续依照实施。